你若知足
便能幸福

李麗——著

擁有卻怕不是永久，失去便想再次占有？
學會坦然放手，別再刻意追求

若對曾經的一切感到遺憾，便是忽略了過去賜予的禮物
若把自己當成受害者，便是拒絕承認你是強大的創造者

以滿懷溫情的故事娓娓道來處世哲理，
幸福滋味自然流淌，不強灌心靈雞湯，
僅以一顆感恩之心陪伴讀者面對困惑人生。

目錄

目錄 ——————————————————

目錄

序言

艾森豪年輕的時候，一次晚飯後跟家人一起玩紙牌遊戲，連續幾次都抓了很壞的牌，他開始不高興地抱怨。媽媽停了下來，正色對他說：「如果你要玩，就必須用你手中的牌玩下去，不管那些牌怎麼樣！」

他一愣，聽見母親又說：「人生也是如此，發牌的是上帝，不管怎樣的牌你都必須拿著，你能做的就是盡你全力，求得最好的效果。」

很多年過去了，艾森豪一直牢記著母親的這句話，從未再對生活有過任何抱怨。相反，他總是以積極樂觀的態度去迎接命運的每一次挑戰，盡己所能地做好每一件事，從一個默默無聞的平民家庭走出，一步一步地成為盟軍統帥，最終成為美國歷史上第 34 任總統。

艾森豪逝世後，詹森在給他的哀悼詞中稱讚他「勇敢和正直」，他的這種勇敢和無所畏懼的性情正是承襲了母親當年的教誨：人生如打牌，既然發牌權不在你手裡，那麼，你能做的只有用你手裡的牌打下去，並努力打好，除此以外，你沒有任何選擇！

對此，有個心理學家做過一個實驗：一天，他要求一群抱怨者把近期的「彆扭事」都寫下來，然後放在一個「煩惱箱」中。過了一段時間，他在這些抱怨煩惱者面前，當場將箱子打開，再逐一與每個抱怨者核對煩惱的情況，結果大部分抱怨者已不再煩惱。

又過了一段時間，再與剩下的那些抱怨者逐一核對，結果再沒有這樣的煩惱了。實驗並不高深，是時間積存了快樂，也消融了抱怨，化解了人們自尋的煩惱。

抱怨有什麼用呢？不會因為你的抱怨，一個爛公司就會變成一個好公司；不會因為你的抱怨就可以把討厭的上司換成你喜歡的上司。這種不滿

序言

情緒就是通往目的地的一大障礙，拚命地抱怨不會改變現實，需要改變的是自己的態度。

我們應把抱怨收起來，因為我們抱怨不起，前面還有很多更重要的事等著我們去做！

偉大的心理醫生斯科特・派克（Morgan Scott Peck）說：「當你開始抱怨時就是將焦點放在不如意、不快樂的事情上，這是一個惡性循環，也是一個負面的吸引力法則。你的話表明你的想法，你的想法又創造了你的生活。你發出的抱怨和牢騷越多，你所招惹來的抱怨、牢騷和負面能量也會越來越多。」

過去的已經過去，未來的還未到來，一切抱怨都是無益的，問問自己現在能夠做些什麼、能夠做好什麼才是最重要的。

作者靜心編撰了大量滿懷溫情、蕩滌心靈塵埃的人生故事，深入淺出娓娓道來處世哲理，美妙人生味道自然流淌，不強灌心靈雞湯，以一顆感恩之心陪伴讀者積極面對困惑人生，堅信「除非你同意，沒有人能傷害你」這一人生勵志主題。

最後，讓我們大聲朗讀普希金（Alexander Pushkin）那首著名的〈假如生活欺騙了你〉，一起共勉！

假如生活欺騙了你，
不要憂鬱，也不要憤慨，
不順心時暫且克制自己，
相信吧，快樂之日就會到來。
我們的心憧憬著未來，
現今總是令人悲哀：

一切都是暫時的，轉瞬即逝，
而那逝去的將變為可愛。

—— 普希金

序言 ————————————————

PART1
敞開心靈的柵欄

　　生活原本是一個變化的過程，我們要調整自己的步伐，緊跟
其後，才不至於將自己引進一個死巷。

　　生活永遠充滿著燦爛的陽光，我們要永遠敞開心靈的門窗，
才不會將自己迷失在黑暗裡，寂寞難耐。

　　在心靈周圍設一堵牆，你會將自己遺失在世界的角落。如果
你能敞開心靈的柵欄，向所有人開放，你就能獲得整個世界。

第一章　不要替自己的人生加行李

生命之舟載不動太多的東西，要想使船在抵達彼岸時不在中途擱淺或者沉沒，就必須輕載，只取必要的東西，把不該要的統統擱下。

梅琳是一個寡婦，為了撫養兒子長大成人，辛辛苦苦地教書賺錢。兒子大學畢業後，又被送到英國留學。完成學業後，兒子最後到美國加州的一個不錯的公司上班、賺錢、買房子，也在那裡娶妻生子，建立了美滿家庭和輝煌的事業。

梅琳為此欣慰不已，盤算著退休後，帶著退休金前往加州與兒子媳婦一家人團圓。每天早上可以到公園散步，也可以在家享受晚年含飴弄孫之樂。

於是，她在距離退休不到 3 個月的時候，趕緊寫了一封信給兒子，說她就要飛往加州和他們一家團聚。信寄出後，她一面等待兒子的回信，一面把產業、事務逐一處理。

不久，她接到兒子從加州寄來的一封回信。信一打開，有一張支票掉落下來。她撿起來一看，是一張 3 萬美元的支票。她覺得很奇怪，兒子從來不寄錢給她，而且自己就要到加州去了，怎麼還寄支票來？莫非是要給她買機票用的？梅琳心中湧上一絲喜悅，趕緊去讀信。

只見信上寫到：「媽媽！我們經過討論後，決定不歡迎妳來加州同住。如果妳認為妳對我有養育之恩，以市價計算，約為 2 萬多美金，我自己多給了一些，寄上一張 3 萬元美金的支票給妳，希望妳以後不要再寫信來打擾我們。」

梅琳的一顆心由欣喜的高峰墜入了痛苦的谷底。辛辛苦苦養大兒子，最終卻換來了如此的忘恩負義。梅琳的眼淚瞬間如水一般流淌下來，想到自己一生守寡，從此老年淒涼，如風中殘燭，她實在難以接受這個事實。

　　梅琳心情沉重，幾乎難以自拔。一天下來，她就蒼老了很多。透過客廳的窗，梅琳望著夕陽忽然有所感悟。梅琳想到：自己一生勞碌，從來沒有一天輕鬆地生活，而退休後，將無事一身輕，何不出去透透氣？很快，她就振作起來，為自己規劃一趟旅行。

　　在旅行中，她見到大地之美，看到各州居民不同的生活型態，於是她又寄了一封信給她的兒子。信上寫道：「你要我別再寫信給你，那麼這封信就當作是以前所寫的信的補充文字好了。我收到了你寄來的支票，並用這張支票規劃了一次成功的旅行。在旅行中，我忽然有所感悟。我非常感謝你，感謝你讓我懂得放寬胸襟，讓我看到天地之大，大自然之美。」

　　父母因為子女不孝而痛苦一生的事情，聽來並不稀奇。這些子女的行為的確令人髮指，但是作為父母，如果看不開、想不通，心中必然怒不可遏，一旦怒氣難消，必因怨恨攻心，而後果將不堪設想。

　　梅琳在經過了那段痛苦的掙扎後，選擇了明智地對待事實本身。生命之舟已然負重，又何必和自己過不去，讓它更加沉重，直至超載呢？

　　人生本來就是一個背負行李前去旅行的愉快而放鬆的過程，這就需要你在一個個車站一次次卸去人生的舊行李，而後再背起新的行李去跋涉前方的人生之路。

　　因此每一次背起行李，都要想想自己此行的目的，放棄那些不必要的行李，讓自己輕裝上陣，並且讓自己在每一次到目的地之後卸下行李，這樣的人生才不至於太沉重和痛苦。

人生便利貼：如何度過中老年危機

■ **追尋自己的興趣**：如果到目前為止你為工作和家庭付出太多的精力，如今可能是考慮自己、考慮如何發展自己「另一面」的最佳

時期。你可能會把自己所有的潛能和時間投入到一個全新的愛好—某種樂器、一種創造性的活動、一項運動、上大學或者是上夜校。你可能發現自己並不需要做太大的改變，而是透過引入一種新元素而使自己生活增添了新的色彩。

- **計劃好自己的未來**：抽時間把自己下半輩子想做的所有事情全部列出來是非常有幫助的。不要把未來看成是慘澹的，而應想像自己的未來充滿了生機。

- **積極參加活動**：透過參加慈善活動、加入社團或者介入當地的政治事務來增強自己的自信心，並使自己產生有所作為的感覺。透過這些場合的活動，你可以幫助其他人並接觸一些新的團體。

▌第二章　別為過去的遺憾喋喋不休

如果你對過去的一切感到遺憾，那麼你就忽略了過去賜給你的禮物，你就把自己當成了受害者，拒絕承認自己是強大的創造者。

如果你感到內疚，覺得不應該那麼做，那麼你對自己就太苛刻了。如果當時你了解得再多一些，你可能不會那麼做，但是，你那麼做完全是在自己所知的範圍內盡力而為的。有了孩子，你才能學會做父母；有了過去的經歷，你才能學會做自己。信任自己過去所取得的進步，但不要為過去的遺憾喋喋不休。

我們或許曾經把一切想像得非常美好，甚至相信自己錯過了真正的靈魂伴侶。但是，過去一去不復返，此時此刻才是活力的源泉、真正力量的來源。

在美國歷史上，伊東·布拉格是第一位獲得普立茲獎的黑人記者，當同行採訪布拉格，詢問他的獲獎感受時，他在麥克風面前講述了一段令人

感慨的經歷：

「我小時候，家裡非常窮，我父親是個水手，他每年都來來回回地穿梭於大西洋的各個港口，儘管如此，賺的錢依然不夠維持全家人的生活。面對這種處境，我非常沮喪，因為我一直認為，像我們這樣地位卑微、貧窮的黑人不可能有出息。」

「抱著這種想法，我渾渾噩噩地上學，可想而知，成績也好不到哪裡去，就這樣，我在自己設定的圍牆下過了 10 多年。有一天，父親突然對我說：『現在你長大了，應該帶你出去見見世面，我希望你的生活能和父母不同，能擺脫從前的貧窮而有所成就。』聽了父親的話，我暗想：『有成就？怎麼可能呢？我不過一直都是個窮黑人的兒子。』」

「儘管如此，我依然聽從父親的安排，隨他一起去參觀了大畫家梵谷（Vincent Van Gogh）的故居。在這間狹小、幾乎空空如也的屋子裡，我看見了一張小木床，還有一雙裂了口的皮鞋，我很驚訝，這位著名畫家的生活居然如此簡陋！」

「我問父親：『梵谷不是個百萬富翁嗎？他怎麼會住在這種地方？』」

「父親說：『兒子，你錯了，梵谷曾經是個窮人，是個比我們還要窮的窮人，他甚至窮得娶不上妻子，可是他沒有向昨日的貧困屈服。』」

「這段經歷讓我對以前的看法產生了疑惑，我想：我是否也可以從我過去的碌碌無為中擺脫出來而有所作為呢？梵谷不也是個窮人嗎？他為何知道自己只不過是昨日的窮人，而非現在、將來的窮人呢？

「第二年，父親又帶著我到了丹麥，我們遊走於安徒生（Hans Christian Andersen）的故居內，這裡的環境比梵谷強不了多少，我更驚訝了，因為在安徒生的童話中，到處都是金碧輝煌的皇宮，我一直以為他也和書中的人物一樣，住在皇宮裡。」

「我向父親提出了自己的疑問：『爸爸，難道安徒生不是生活在皇宮裡嗎？』父親看著我意味深長地說：「不，孩子，安徒生是個鞋匠的兒子，你喜歡的那些童話就是他在這棟閣樓裡寫出來的。』」

「直到這時，我才終於明白，父親為什麼會帶我參觀梵谷和安徒生的故居？其實他想告訴我：不要在乎過去所過的生活如何貧窮，儘管我們是窮人，身分很卑微，但這絲毫不影響我們往後成為一個有出息的人。」

從過去的失敗和勝利中學習是重要的，但不要沉浸在其中。不要讓過去的經歷分散你現在的精力。偶爾回憶一下是可以的，但不要駐留在回憶中。開車時，如果老是看後視鏡，你會看不到前方的路。如果你需要從過去的經歷中學習，過去的經驗自然會出現。不要刻意尋找它們，它們會自己找上門來。

當你學會感謝生命中的每一件事，你便獲得了自由。對過去的否認和斷定，只會消滅現在和未來。

▌人生便利貼：如何有效強化自己的進取心

- **你可以為自己做對了某件事而感到了不起**：只要你以成敗為衡量標準，總可以把做成某件事看作自我價值的提高，並因此自鳴得意。然而在這裡，「做成了某件事」僅僅是別人對你的評價而已。

- **努力選擇並嘗試一些新事物，即使你仍留戀著熟悉的事物**：盡力結識更多的新朋友，多多置身於一些新的環境，嘗試一些新的工作，邀請一些觀點不同、性格不一的人到家裡來做客。多和你不大熟悉的客人交談，少和你熟悉的朋友交談，因為對他們太了解了。

- **不要再費心去為你做的每一件事找藉口**：當別人問你為什麼要這樣做或那樣做時，你並不一定要說出可信的理由，以使別人滿意。實際上，你決定做任何事情的理由都很簡單—因為你想這樣做。
- **試著冒點風險，使你解脫日復一日的單調生活**：如：上班時不一定非得要乘坐同一種方式的交通工具，每天早餐不一定總是要吃同樣的東西等。你可以充分發揮自己的想像力，如果想像自己擁有一大筆錢，在幾年內怎麼也花不完。這時，你也許會發現，你原來設想的計畫幾乎都是可以實現的。
- **試著去做一直以「我做不好」為藉口而迴避的事情**：你可以用一個下午來繪畫，讓自己得到充分享受。即使你畫出的畫不是很好，你也沒有失敗，因為你至少高高興興地度過了一個下午。你可以在家裡盡情地唱歌，儘管你唱得不好。
- **接觸那些你認為使得你懼怕未知的人**：主動同他們談話，向他們明確表示，你打算嘗試新的事物，看看他們反應如何。你會發現，他們的懷疑態度是你擔憂的因素之一，因而你總是在這些否定態度面前陷入惰性。既然現在你可以正視這種態度，那麼你便可以發表你的「獨立宣言」，擺脫他們的控制。

▌第三章　敞開心靈的柵欄

　　生活原本是一個變化的過程，我們要調整自己的步伐，緊跟其後，才不至於將自己引進一個死巷。生活永遠充滿著燦爛的陽光，我們要永遠敞開心靈的門窗，才不會將自己迷失在黑暗裡，寂寞難耐。

PART1　敞開心靈的柵欄

當愛莉絲的丈夫邁克因腦瘤去世後，她變得異常憤怒，她憎恨孤獨，憎恨生活的不公平。孀居 3 年，她的臉變得緊繃繃的。

一天，愛莉絲在小鎮擁擠的路上開車，忽然發現一幢她喜歡的房子周圍豎起一道新的柵欄。那房子已有 100 多年的歷史，顏色變白，有很大的門廊，過去一直隱藏在路後面。如今馬路擴展，街口豎起了紅綠燈，小鎮已頗有些城市味，只是這座漂亮房子前的大院已被蠶食得所剩無幾了。

可院子總是被打掃得乾乾淨淨，裡面綻開著鮮豔的花朵，愛莉絲注意到一個繫著圍裙、身材瘦小的女人在清掃著枯葉、侍弄鮮花和修剪草坪。

每次愛莉絲經過那房子，總要看看迅速豎立起來的柵欄。一位年老的木匠還搭建了一個玫瑰花格架和一個涼亭，並漆成雪白色，與房子很相稱。

一天，愛莉絲在路邊停下車，長久地凝視著柵欄。木匠高超的手藝令她幾乎流淚。愛莉絲實在不忍離去，索性熄了火，走上前去，撫摸柵欄。它們還散發著油漆味。愛莉絲看見那女人正試圖開動一臺割草機。

「喂！你好！」愛莉絲喊道，一邊揮著手。

「嘿，親愛的！」那女人站起身，在圍裙上擦了擦手。

「我在看你的柵欄。真是太美了。」

那女人微笑道：「來門廊上坐一會吧，我告訴你柵欄的故事。」

她們走上後門臺階，那女人打開柵欄門，愛莉絲不由得欣喜萬分，她終於來到這美麗房子的門廊了，喝著冰茶，欣賞周圍不同尋常又賞心悅目的柵欄。

「這柵欄其實不是為我設的。」那女人直率地說道，「我獨自一人生活，可有許多人到這裡來，他們喜歡看到真正漂亮的東西，有些人見到這柵欄後便向我揮手，幾個像你這樣的人甚至走進來，坐在門廊上與我聊天。」

「可面前這條路加寬後，這裡發生了那麼大的變化，你難道不介意？」

「變化是生活中的一部分，也是鑄造個性的因素。親愛的。當你不喜歡的事情發生後，你面臨兩個選擇：要麼痛苦憤懣，要麼振奮前進。」

當愛莉絲起身離開時，她說：「任何時候都歡迎你來做客，請別把柵欄門關上，這樣看上去很友善。」

愛莉絲把門半掩住，然後啟動車子。她內心深處有種新的感受，她無法用語言表達，只是感到，在她那顆憤懣之心的四周，一道堅硬的圍牆轟然倒塌，取而代之的是整潔雪白的柵欄。她也打算把自家的柵欄門開著，對任何準備走近她的人表示出友善和歡迎。

在心靈周圍設一堵牆，你會將自己遺失在世界的角落。如果你能敞開心靈的柵欄，向所有的人開放，你就能獲得整個世界。

人生便利貼：如何向陌生人敞開心靈的柵欄

在與陌生人交往中，我們應該學會主動打招呼，接納別人，學會讚美，尋找話題等問題。

■ **主動打招呼**：第一次見面，相互之間都會產生防備的心態，要消除這種緊張的關係，最好的辦法是敞開心扉，主動與人打招呼，使得別人對你產生信任感，這樣，別人自然會喜歡你，也樂於與你交流。如「你好」、「認識你很高興」之類的問候是必不可少的。

■ **接納別人**：與人相處，要多注意他人的優點、少挑剔缺點，這樣，你會覺得別人講話是那麼耐聽，你對別人的態度就會友善得多。當你相信別人、喜歡別人、接納別人時，別人也就願意和你交往。

■ **學會讚美**：與陌生人交談，得體的讚美可能是良好的開場白之一，如「你的口才真好」、「我非常喜歡你的豪爽、等等。當然，讚美既有言語方面的，也有非言語方面的，比如微笑聆聽、點頭贊許、注視對方、擊掌贊同等。

■ **尋找話題**：與陌生人交談，一旦有了共同的話題，很容易拉近彼此的距離。旅遊途中，可以尋找一些輕鬆愉快的話題，如當地的歷史、著名的風景、各自的感受等，給旅途帶來愉悅。

■ **表達自然**：與人交談時，只有用最自然的聲音說話，才能真正打動人心，不要因為緊張而失真。同時語言表達要簡單清晰，切忌囉唆。

我們注意了這些問題就能有良好的人際關係和人緣關係，使我們的交往得到擴大，使我們更受別人的喜歡。使我們更大的提高交往能力。

▎第四章　點亮自己的「心燭」

生活中許多時候，我們就像那小小的蠶，常會給自己織上一層無形的繭，使自己陷入一種生存的窒息狀態，或是處於絕望的境地。但是如果我們能像蠶那樣，勇敢地咬破自己構築的外殼，堅持不懈地努力，不斷戰勝困難、戰勝自己，我們就會破繭飛出，走出困境，不斷獲得生命的重生，獲得心靈的酣暢與自由。

生命是一支越燃越亮的蠟燭，是一份來自上帝的禮物，是一筆留給後代的遺產。當生命從狹窄漆黑的通道飛向另一個天地，接近或達到目標的時候，我們所經歷的一切，才顯示出它的價值和意義。

第二次世界大戰期間，一個烏雲遮日的午後，英國小說家米切爾·羅

伯特照例來到郊外的一個墓地，拜祭一位英年早逝的友人。

就在他轉身準備離去時，意外地看到友人的墓碑旁有一塊新立的墓碑，上面寫著這樣一句話：全世界的黑暗也不能使一支小蠟燭失去光輝。

炭火般的語言，立刻溫暖了羅伯特長久以來一直陰鬱的心。羅伯特迅速地從衣服口袋裡掏出鋼筆，記下了這句話。他猜想這句話一定是引用了哪位名家的名言。

為了儘早查到這句話的出處，他匆匆地趕回公寓，認真地、逐冊逐頁地翻閱書籍。但是，羅伯特搜尋了很久，始終未能找到如此令他精神振奮的這句名言的出處。

第二天一早，羅伯特又重返墓地，向該處工作人員請教。從墓地管理員那裡得知：長眠於那個墓碑之下的，是一名年僅 10 歲的少年。

就是在幾天前，德軍空襲倫敦之時，這個少年不幸被炸彈炸死，少年的母親懷著悲痛，為自己的兒子做了一個墓，並立下了那塊墓碑。

這個故事讓羅伯特久久不能釋懷，一股澎湃的激情促使羅伯特提筆疾書。很快，一篇感人至深的文章從他的筆尖流淌出來。

幾天後，文章發表了。故事轉瞬便流傳開來，如希望的火種，鼓舞著人們為勝利而執著前行的腳步。

許多年後，一個偶然的機會，還在讀大學的布雷爾也讀到了這篇文章，並從中讀出了那句話的雋永與深刻。布雷爾大學畢業後，放棄了幾家企業的高薪聘請，毅然決定隨一個科技普及小組去非洲扶貧。

「到那裡，萬一你覺得天氣炎熱受不了，怎麼辦？」

「非洲那裡鬧傳染病，怎麼辦？」

「那裡一旦發生戰爭，怎麼辦？」

面對親人們異口同聲的勸說，布雷爾很堅定地回答：「如果黑暗籠罩

了我，我絕不害怕，我會點亮自己的蠟燭！」

　　一週後，布雷爾懷揣希望去了非洲。在那裡，經過布雷爾和同伴們的不懈努力，用他們那點點燭光，終於照亮了一片天空，並因此被聯合國授予「扶貧大使」的稱號。

　　蠟燭雖纖弱，卻有熠熠的光芒圍繞著它。

　　我們每個人都是一支這樣的蠟燭。當一個人在氣餒、失敗，甚至感到有些絕望時，不妨啟動自己，點亮心燭。黑暗消失了，留下來的一定會是一個令人驚嘆的奇蹟。

　　沒錯，點亮心燭，就是確立人生的航標，就是始終保持自己眼前有一盞燈照亮道路，就是不斷地挑戰自我、戰勝自我，實現人生一次次的飛躍。

人生便利貼：讓悲觀者樂觀起來的行之有效的方法

- **改善情緒**：情緒不佳時人生態度往往較為消極，而一旦心境得到了寬鬆或改善，就會同時改善一個人對整個人生的態度。
- **改變角度看問題**：面對困局，如能把它視為成功之母，那麼心中的陰影也就不那麼濃重了。
- **放鬆表情**：悲觀者的面部常常是呆板甚至是哭喪的，殊不知面部肌肉也總是在與大腦做交流，實際上，輕鬆的表情反過來會刺激我們的大腦以更積極、更愉快的方式進行思考。
- **學會幽默**：悲觀者往往不善幽默，不妨多看看喜劇、小品，學會欣賞幽默，到自己也能時不時幽默一下時，消極的人生態度可能已出現了轉機。
- **多與樂觀者交往**：這不僅是因為樂觀情緒是可以「傳染」的，而

且還因為樂觀的人生態度也是會相互影響的。遺憾的是，悲觀者一般都傾向於與悲觀者相處，而實際上當悲觀者與樂觀者交往時，同樣也是可以找到「共同語言」的。

第五章　在身邊播撒愛的種子

予人關懷便是予己關懷。人性中最美麗的一面來自於互相的關愛。善待你周圍的人吧，不要吝嗇對別人的一點點關心。也許你不經意間，已經撒下了美麗的種子，在未來的某一天會給你的生活帶來燦爛無比的笑容。

布朗和瓊安娜是一對貧窮的夫婦。布朗在鐵路局幹一份扳道工兼維修的工作，又苦又累；瓊安娜在做家務之餘就去附近的花市幹點雜活以補貼家用。

冬天的一個傍晚，小倆口正在吃晚飯，突然響起了敲門聲。瓊安娜打開門，門外站著一個凍僵了的老頭，手裡提著一個菜籃。「夫人，我今天剛搬到這裡，就住在對街。您需要一些菜嗎？」老人的目光落到瓊安娜綴著補丁的圍裙上，神情有些黯然了。「要啊，」瓊安娜微笑著遞過幾個便士，「胡蘿蔔還新鮮呢。」老人渾濁的聲音裡又有了幾分激動：「謝謝您了。」

關上門，瓊安娜輕輕地對丈夫說：「當年我爸爸也是這樣賺錢養家的。」

第二天，小鎮下了很大的雪。傍晚的時候，瓊安娜提著一罐熱湯，踏過厚厚的積雪，敲開了對街的房門。

兩家很快結成了好鄰居。每天傍晚，當布朗家的木門響起賣菜老人「篤篤」的敲門聲時，瓊安娜就會捧著一碗熱湯從廚房裡迎出來。

PART1　敞開心靈的柵欄

　　耶誕節快來時，瓊安娜與布朗商量著從開支中省出一部分來給老人置件棉衣「他穿得太單薄了，這麼大的年紀每天出去受凍，怎麼受得了。」布朗點頭默許。

　　瓊安娜終於在平安夜的前一天把棉衣趕成了。平安夜那天，瓊安娜還特意從花店帶回一枝處理的玫瑰，插在放棉衣的紙袋裡，趁著老人出門購菜，放到了他家門口。

　　兩小時後，布朗家的木門響起了熟悉的篤篤聲，瓊安娜一邊說著聖誕快樂一邊快樂地打開門，然而，這回老人卻沒有提著菜籃子。

　　「嗨，瓊安娜，」老人興奮地微微搖晃著身子，「聖誕快樂！平時總是受你們的幫助，今天我終於可以送你們禮物了。」說著老人從身後拿出一個大紙袋，「不知哪個好心人送在我家門口的，是很不錯的棉衣呢。我這把老骨頭凍慣了，送給布朗穿吧，他上夜班用得著。還有，」老人略帶羞澀地把一枝玫瑰遞到瓊安娜面前，「這個給你。也是插在這紙袋裡的，我淋了些水，它美得像你一樣。」

　　嬌豔的玫瑰上，一閃一閃的，是晶瑩的水滴。

　　奉獻愛心，去愛每一個人，是每個人都很容易做到的事。一句話、一個微笑、一束花就夠了，這對我們並不損失什麼，卻可能因此幫助別人走出困境，同時也美麗了自己的一生，何樂而不為呢？給予就會被給予、剝奪就會被剝奪。愛就會被愛、恨就會被恨。

▌人生便利貼：如何與人為善

　　其實很簡單：就是要善待他人。多一點諒解、寬容和理解，少一點苛求與責難；多一點愛心，少一些冷漠；多一些欣賞，少一點「氣人有笑人無」的淺薄。

能夠看見別人的優點，並能夠欣賞它，讚美它，這是一種怎樣的心境啊！能真心祝福別人的幸福也是一種美麗的善良。永遠與人為善，我們才能讓自己的心境始終保持在愉悅之中。這樣的人，才會有健全的心理和健康的人生。

與人為善，自己路寬，如果大家都可以做到這點，就沒有了獨木橋，大家都可以在陽關大道上闊步前進，達到理想中的狀態。

第六章　放下執著，享受現在

你曾熟悉這樣的一種內心感受嗎？想要的追求不到，追求到的不能完全占有，占有的又害怕失去，失去的又想再次占有。每天的忙碌就是為了自尋煩惱。就如同失眠的人一樣，你越是想睡著卻越是睡不著；人生也一樣，你越是刻意地去追求快樂，卻發現快樂跑地越遠。

直到有一天，你放棄了所有的追求，靜靜地坐在樹陰底下，陪著心愛的人喝一杯清水，聽聽戀人的笑聲，你才驚訝的發現：快樂其實離自己很近，只是我們一直都不曾認識它。

經營大師威廉·詹姆斯（William James）給他的學生講授成功之道。他並沒有直接告訴學生成功的道理和固定的規則，而是帶著他們去拉斯維加斯的賭場去玩輪盤賭博。

一星期後，學生中已經有人豁然開朗，理解了詹姆斯的用意。為了考驗一下學生到底有沒有理解自己的真正用意，他問其中一個：「看到那些賭徒，你能有什麼啟示呢？」

這個聰明的學生答道：「我注意到那些十賭九輸的人都有個特點：下注前，他們並不緊張，可是當輪盤一開始轉動，他們卻都七上八下，個個

都開始緊張氣喘起來。我覺得這些人好傻，因為他們如果要擔心，也應該在下注之前，在那時候多動動腦筋還管用些。既然賭注已經下了，而賭盤也已經旋轉，就不妨以輕鬆的心情靜待結果。假如此時再傷腦筋，也只有徒增驚怕的份，一點用處都沒有。」詹姆斯頻頻點頭。

那個學生又繼續說道：「您是想告訴我們，人生處世又何嘗不是如此，在開始做一件事情的時候，就該多考慮考慮後果，權衡各方面的利弊得失，不過只要決定做了，就一定要做到底，不必患得患失，如果是這樣，對這件事情也是於事無補的。」

很多時候，正是因為我們的這些患得患失的表現，讓我們在一系列的競爭中表現失常，比如說原本對一件事情勝券在握，就是在臨近表現的時候，周圍的人說了一聲「其實這件事情真的很難」，這個時候你就開始緊張，甚至開始打退堂鼓，這必將直接影響你的成績。

不要在意結果如何，這樣才能去除特定結果的執著。活在無常的智慧中，即使對結局一無所知，仍然能享受生活的每一天，這就是放下的智慧，放下就是快樂。

孔狄亞克（Étienne Bonnot de Condillac）是法國一位貴族科學家，在法國大革命來臨的時候，已經有 70 歲的高齡了。在這個大掃蕩的浩劫中，這位貴族科學家的貴族頭銜以及他所有的財產包括實驗室、花園、房產，一夜之間統統都沒有了，好像被颶風掃過一樣乾淨，可是這個科學家還是生活得很坦然，心境平靜得像一面湖水一樣。雖然經常食不果腹，衣不遮體，但他的耐心毅力仍舊存在，並且勇氣不減當年，生活中的他還是樂呵呵的，就像什麼事情都沒有發生一樣。

有一次，法國自然科學協會邀請他去作報告，他沒有絲毫地猶豫欣然同意前往。上臺準備演講時，因為沒有鞋，只能赤著腳上去，因此在開始

演講的第一句話就是：「今天很抱歉，沒有鞋子穿，不過赤著腳倒也還是蠻舒服的。」

　　在作報告的時候，絲毫沒有因為他現在的身分以及生活的窘境而減少熱情，聲音一直都是抑揚頓挫，神情專注，在講臺上用微微顫抖的手仔細地畫下了植物的特徵，並且還樂在其中，生活中的一切痛苦都在轉眼間消融地一乾二淨。

　　9 年過去了，這位歷經滄桑的老人離開了這個世界，他走的時候是多麼的安詳與自在，就如同是出去散步一樣的悠閒，在他的遺囑中，規定了自己的葬禮方式：就是用一生中確定的 45 種植物編織成一個花環，放在他的靈柩上，其他的都不需要。這種常人難以想像的胸襟使老人平靜地走完他的晚年。

　　這個老人是值得人們去尊敬和愛戴的，也是值得人們去羨慕的，在羨慕這個老人之前，我們得明白，為什麼這個老人值得我們去羨慕、為什麼值得我們去尊敬。

　　因為他真正地看透了這個紅塵，世上所有的東西都不是你的，包括所有的財產和知識，生不帶來、死不帶去，除了你自己的快樂心情，你可以盡情地享受。因此不管遇到生活中多麼大的打擊，這位尊敬的老人都能放得下，也善於放得下。

　　而在很多人的眼中，他們對人生得失、榮辱沉浮看得太重，因此整天忙忙碌碌，處於高強度的競爭之中，惟恐稍有閃失。一旦達不到目的，就暴跳如雷、怨天尤人、消極悲觀而又憤憤不平。這樣的人，內心烏雲密布，永遠發現不了生活中的七彩陽光。

　　想一想，如果放不下那又能如何呢，唯一的一條路就是離開這個世界。與其這個時候離開，還不如好好享受完人生再離開。

人生便利貼：如何解決患得患失心理

患得患失是人生最常見的心理隱患、是人生的精神枷鎖、是附在人身上的陰影。要走出患得患失的陰影，必須保持良好的心態：

- **淡泊名利**：古人云：「淡泊以明志。」養生首養心，養心淡名利。人生苦短，名利有如過眼雲煙。人不可缺乏進取心和奮鬥精神，但一味地追名逐利反而會得不償失。人，最值錢的東西是生命而不是名利。這方面，我們不妨學學美術大師劉海粟先生。劉海粟先生年逾九十，仍精神矍鑠，揮毫自如。其祕訣是：「寵辱不驚，看庭前花開花落；去留無意，望天上雲卷雲舒。」如此虛懷若谷、坦坦然然，身心何愁不健康，生命何愁不青春永駐。

- **知足常樂**：知足自比較生。每一個人都要學會比較，透過比較得到良好的心境。正確的樂觀的比較應該是自己和自己比，把自己的今天和自己的過去比。只要努力過，且透過努力進步了、收穫了，即使別人已小康，你才溫飽；別人已有了金條，你還囊中羞澀，也絲毫不應自慚形穢，因為每個人的基礎不一樣、條件不一樣、經歷也不一樣。同樣一雙手，十個指頭哪能一般齊呢？知足不是自滿、自傲、自恃。

- **走自己的路**：記得這樣幾個詩句「不去奢求鑲金的戒指／也不羨慕偉人的名氣／唯一計較的是自己足下／是否留有兩行踽踽前行的痕跡」。

　　「一個人的一生應該是這樣度過的，當他回首往事的時候，不因虛度年華而悔恨，也不因碌碌無為而羞恥。」

> 是的，當我們走過艱難人生旅途的時候，如果我們可以驕傲地這樣說「我努力過」，我們就可以安然地閉上雙眼。

▌第七章　生活的彎曲藝術

亞里斯多德（Aristotle）說，生命的本質在於追求快樂，使得生命快樂的途徑有兩條：「第一，發現使你快樂的時光，增加它；第二，發現使你不快樂的時光，減少它。」

當你累了的時候，先彎下腰去，歇會兒，待自己卸下一身沉重的包袱後，再重新起身去面對生活，這就是所謂生活的彎曲藝術。

加拿大的魁北克有一條南北走向的山谷，山谷沒有什麼特別之處，唯一能引人注意的是它的西坡長滿松、柏、女楨等樹木，而東坡卻只有雪松。這一奇異景觀是個謎，許多人不明所以，試圖找出原因，卻一直沒有得出令人滿意的結論。揭開這個謎的是一對夫婦。

那是西元 1983 年的冬天，這對夫婦的婚姻正瀕臨破裂的邊緣。為了重新找回昔日的愛情，他們打算做一次浪漫之旅，如果能找回當年的愛就繼續生活，如果不能就友好分手。當他們抵達這個山谷的時候，鵝毛大雪飄零而至，他們支起帳篷，望著漫天飛舞的雪花，他們發現由於特殊的風向，東坡的雪總比西坡的雪來得大、來得密。不一會兒，雪松上就積落了厚厚的一層雪。不過當雪積到一定的程度，雪松那富有彈性的枝丫就會向下彎曲，直到雪從枝上滑落下去。這樣反覆地積、反覆地彎、反覆地落，雪松依然完好無損。可其他的樹，如那些松樹，因為沒有這個本領，樹枝被壓斷了。西坡由於雪小，總有些樹挺了過來，所以西坡除了雪松，還有松、柏和女貞之類的樹木。

於是妻子對丈夫說：「東坡肯定也長過很多雜樹，只是由於它們的枝條不會彎曲，所以它們才都被大雪摧毀了。」

丈夫點頭稱是。少頃，兩人像突然明白了什麼似的，緊緊擁抱在一起。

丈夫興奮地說：「我們揭開了一個謎 —— 對於外界的壓力要盡可能地去承受，在承受不了的時候，學會彎曲一下，像雪松一樣讓一步，這樣就不會被壓垮。」

人們之所以會產生壓力，是由於一個人的某些需要、欲求、願望遇到障礙和干擾時，從而引發出心理和精神的不良反應。壓力如同「水可載舟，也可覆舟」一樣，既有好的一面，也有壞的一面。如果能把壓力變成動力，壓力就是蜜糖；如果把壓力憋在心裡，讓它無休止地折磨自己，那就是砒霜。

生活中我們承受著這些來自各方面的壓力，累積起來終將讓我們難以承受。這時候，我們需要像雪松那樣彎下身來，釋下重負，才能夠重新挺立，避免壓斷的結局。彎曲，並不是低頭或失敗，而是一種彈性的生存方式，是一種生活的藝術。

▌▌人生便利貼：應對工作壓力的 12 種方法

- 表露自己的情感：不要把自己的情感封存起來。
- 擠時間參加社交活動：不要擠占自己用於愛好、休息或與朋友外出的時間。
- 不要拖延工作：及時地把工作完成，不要選擇逃避。
- 委派他人工作：不要想自己一個人就把所有的事情做完。
- 學會說不：不要同意承擔額外的工作。
- 安排有規律的休息時間：休息一下，來杯咖啡，享受午餐、夜生

活以及週末和度假。

- 工作時間不要太長。

- 不要上癮：不要對酒類、香菸、零食上癮。

- 讓工作遠離家庭：不要經常把工作帶回家。

- 不要成為完美主義者：你不可能每一次都能把事情做得完美無缺，能完成 80% 的目標已經不錯了。

- 尋求支持：公開討論困難並要求幫助。

- 向前看：這只是一份工作－並非你生活的全部。

第八章　做你認為值得做的事情

如果你認為一件事值得我們去做的時候，就去做好了，不要考慮這是否會有回報。認為它值得你去做，這才是最重要的。

在一個寒冷的冬天，雪花漫天飛舞，暮色已經開始籠罩著四野，霍頓獨自驅車走在回家的路上。他的家在一個小鎮上，隨著經濟的蕭條，小鎮越來越不景氣了，他已經失業兩個月了，雖然朋友們都相繼地離開了小鎮，不過霍頓並沒有這樣的打算，因為他在那裡出生，在那裡生活，他的父母就安葬在這個小鎮，他的童年的玩伴，也就是他的妻子也在這個小鎮上工作。所以，他不願意離開這裡。想到妻子，霍頓的臉上露出了欣慰的笑容。他們彼此是那樣的相愛，即使在這樣困苦的環境下。

前方似乎有人的車壞了，透過玻璃，雪花飛舞中，霍頓看清了，原來是一位開著賓士的富有的老太太。在這麼個四顧無人的野外壞車，又是在這麼寒冷的傍晚，實在不足 ·件美好的事情。霍頓知道，如果沒有他的幫助，也許這個老太太會在這裡過夜的。於是，他停下了車。

PART1　敞開心靈的柵欄

　　暮色中老太太的鑽戒閃閃發光，看到霍頓停下了搖搖晃晃的老爺車，她露出了害怕的神色，霍頓對此有所準備，因為他看起來的確窮困潦倒。

　　他微笑著對老太太說：「別害怕，老媽媽，我是來幫你的。這裡離鎮上還很遠。你先到車裡去吧，外面真的有點冷。修好了我會叫你的。」

　　原來是輪胎被扎破了，只要換上備用胎就可以了。但是天氣這麼寒冷，讓人的手都快拿不出來了，即使霍頓一個大男人，獨自忙上忙下也並不是一件容易的事情。霍頓因此擦破了手臂，還弄髒了他唯一的一件比較體面的衣服。

　　看到車真的被修好了，老太太才消除了緊張，但隨後她就向霍頓提出了一個問題，你需要多少錢，並且表示多少錢她都願意支付。因為她知道，如果沒有霍頓的幫助，在這個陌生的野外，什麼都有可能發生的。老太太的問話出乎霍頓的意料，因為他從沒有想過幫助別人也是一項工作，他一直認為當別人遇到困難時伸出援手是他應該做的，這和錢無關。

　　霍頓笑了笑，回答道：「如果您真的想要報答的話，那麼下次在您看到需要幫助的人就幫助他好了，這就是我要的報酬。」

　　老太太再也沒說什麼，走了。

　　開了一陣子車，來到了一個小鎮上，老太太才意識到自己還沒有吃晚飯，於是她把車停到了路邊一家小小的咖啡館，咖啡館的設施很差，只有一個挺著大肚子的女招待在昏暗的燈光下招待她。

　　老太太看著女招待臉上的親切的微笑，這個女招待看樣子至少得有8個月的身孕了，卻還要出來工作，究竟是什麼原因呢？這麼晚了，她竟然還能對一個過路人這麼熱情，老太太忽然想起了霍頓。當女招待拿著老太太付的100元錢去結帳回來的時候，卻發現老太太已經走了。桌子上還放了一張字條，字條上寫著：我想你一定很需要幫助，我也曾經像你一樣，

只是我得到了好心人的幫助，現在就讓我把這份愛心傳遞下去吧。在一側的杯子下，還壓著 400 元。

當女招待回到了自己家的時候，已經很晚了，丈夫正在等著她。她知道，今天丈夫還是沒有找到工作。

夜很深了，她還是沒有睡著，那位老太太的話還印在她的腦海裡，是的，孩子下個月就要生了，可是他們連接生孩子的錢都沒有，那位老太太又是怎麼知道的呢？看了看已經熟睡的丈夫，女人輕輕的給了他一個吻，一切都會好起來的，親愛的霍頓。

無論時代如何發展、怎樣變化，傳遞愛心，做你認為你值得做的事情，永不過時。記住，不要時刻用錢來衡量你的人生的價值，那樣會使你的人生黯淡無光。

人生便利貼：即時調節你的情緒

- **檢測你的情感**：一天過後，放下工作，留意一下自己的身體，它會告訴你什麼呢？頭痛可能是感到恐懼或過於緊張的緣故，神經質地發抖可能是源於焦慮或處境危險。設法選擇一個恰當的形容詞來描述這一情感。「我有點氣憤」或「我憤怒極了」。

- **談論你的情感**：一旦你能更好地認識自己的情感，就要特別注意向自己的至親述說。只要每天這樣做一次，就可以使你更容易表白自己私下的情感，諸如「昨晚的電影攪得我心煩意亂」，隨即話題轉向「我喜歡你」，隨後說：「我覺得和你很親近」，最後說出「我愛你」。

- **用行動表白自己**：一旦你能自如地談論自己的情感，就努力用行動來表白。在問候或送別你喜歡的人時擁抱他；用微笑、歌聲或

笑聲來表明你很愉快；對某事感到氣憤時，便摔門或跺腳；若某人的悲哀使你觸動很大，讓自己哭出來。

第九章 微笑面對每一個人

沒有信心的人，經常是愁眉苦臉、無精打采、眼神呆板。這樣的人不會很有親和力，因為每一個都是構成他人環境的一部分，沒有人會喜歡一個憂鬱的、灰暗的、令人壓抑的環境。

人的面部表情與人的內心體驗是一致的。笑是歡樂的表現；笑能使人心情舒暢，振奮精神；笑能使人忘記憂愁，擺脫煩惱。

幾十年前，紐約北郊住著一位叫莎拉的女孩，她自怨自艾，認定自己的理想永遠實現不了。她的理想也就是每一位妙齡女孩的理想：跟一位瀟灑的白馬王子結婚，白頭偕老。莎拉整天夢想著，可周圍的女孩們都先後成家了，她成了大齡女青年，她認為自己的夢想永遠不可能實現了。

在一個雨天的下午，莎拉在家人的勸說下去找一位著名的心理學家。握手的時候，她那冰涼的手指讓人心顫，還有那淒怨的眼神，如同墳墓中飄出的聲音，蒼白憔悴的面孔，都在向心理學家暗示：我是無望的了，你會有什麼辦法呢？

心理學家沉思良久，然後說道：「莎拉，我想請你幫我一個忙，我真的很需要你的幫忙，可以嗎？」

莎拉將信將疑地點了點頭。

「是這樣的。我家要在星期二開個晚會，但我妻子一個人忙不過來，你來幫我招呼客人。明天一早，你先去買一套新衣服，不過你不要自己挑，你只問店員，按她的主意買。然後去做個髮型，同樣按理髮師的意見辦，聽好心人的意見是有益的。」

接著，心理學家說：「到我家來的客人很多，但互相認識的人不多，你要幫我主動去招呼客人，說是代表我歡迎他們，要注意幫助他們，特別是那些顯得孤單的人。我需要你面帶微笑地去幫助我照料每一個客人，你明白了嗎？」

莎拉一臉不安，心理學家又鼓勵她說：「沒關係，其實很簡單。比如說，看誰沒咖啡就端一杯，要是太悶熱了，開開窗戶什麼的。」莎拉終於同意一試。

星期二這天，莎拉髮式得體，衣衫合身，來到了晚會上。按著心理學家的要求，她盡心盡力，只想著幫助別人，她眼神活潑，笑容可掬，完全忘掉了自己的心事，成了晚會上最受歡迎的人。

最終，女孩與其中一位青年結合，日子雖然平凡卻很幸福。

微笑富有魅力，微笑招人喜愛。英國詩人雪萊（Percy Bysshe Shelley）說：「微笑，實在是仁愛的象徵，快樂的源泉，親近別人的媒介。有了笑，人類的感情就可以溝通了。」

確實，微笑可以縮短人與人之間的距離、化解令人尷尬的僵局、溝通彼此的心靈，使人產生一種安全感、親切感、愉快感。當你向別人微笑時，實際上就是以巧妙、含蓄的方式告訴他：你喜歡他、你尊重他、他是一個受歡迎的人。這樣你在給予別人溫暖與鼓勵的同時，你也就容易博得別人的尊重與喜愛。

▌人生便利貼：關於微笑的練習

微笑是我們的工作，如何讓微笑更加親切自然、更具親和力？如果你覺得在平時的工作中感到微笑不好，我們一起來練習吧！

首先，微笑的基本要領─放鬆面部表情肌肉，嘴角微微上揚，讓

嘴唇略呈弧形，不露牙齒，不發出聲音，輕輕一笑。

其次，微笑需要訓練，這樣會使微笑的效果更好。

微笑的訓練方法有很多，在這裡只介紹三種：

- **微笑口型**：擺出發普通話「一」音的口型，注意用力抬高嘴角兩端。
- **借助「情緒記憶法」加以訓練微笑**：就是將自己生活中高興的事件的情緒存在記憶中，當需要微笑時，可以想起那件最使你興奮的事，臉上會流露出微笑。
- **意念的訓練**：微笑是我們的工作內容和要求，我們必須按要求去做，即使有不愉快的事也不能帶到工作中去。

PART2
人生必要的喪失

　　美國著名心理學家裘蒂·福斯特曾說：「我們以喪失開始人生。」

　　是的，我們被拋出溫暖的子宮，來到這個陌生的世界，我們失去了絕對安全的庇護，但從此開始了人生新的征程。在生活的漫長道路中，我們失去了很多所愛的人和事物，也得到了人生的感悟和收穫。

　　喪失，的確是一件痛苦的事情，但它並不可怕，它是我們為生活付出的沉重代價，但它也是我們成長和收穫的源泉。

第一章　人生之路有紅燈也有綠燈

當我們身處逆境時不要一味抱怨，好好想一想，自己是否也曾經成功過。如果是的，那就說明曾經碰見過綠燈的你，現在又經歷了紅燈。或許，下一個路口就又會是綠燈。

命運之神就好像特別跟西蒙過不去。4 歲那年，西蒙的父母在一次車禍中死去，他被寄養在一個遠房舅舅家。舅舅對他很刻薄，呵斥和打罵是家常便飯。

西蒙懂事很早，學習非常用功，成績出類拔萃，考上了一所名牌大學的熱門專業。但畢業那年，全國的經濟形勢都不好，辛苦找了一年工作，卻絲毫沒有著落。

對西蒙最好的是那位 60 多歲的房東老太太，滿頭白髮但仍然能看出那份安詳與高貴。每次西蒙回來，她都會開門高興地招呼他，儘管西蒙自己有鑰匙可以開門。看到西蒙沮喪的樣子，老太太總安慰他說：「西蒙，事情沒那麼糟糕，一切都會好起來的。」

西蒙每次心裡都很感動，但他覺得老太太根本就不會知道他的難處。他想，如果他能像她那樣，每天最重要的事就是看著馬路上川流不息的各種車輛，以及熙熙攘攘的人群，他也一定會這樣快樂。

有一天，西蒙看著老太太出神的樣子，不由得納悶：在她的思想裡，到底裝著一個怎樣的世界呢？那馬路上每天都如此單調，對西蒙來說，實在沒有什麼可看的。他終於禁不住地問她：「您每天都在看什麼呢？有什麼有意思的事情嗎？」

老太太笑眯眯地望著西蒙，說：「孩子，那馬路上的紅綠燈，寫下的是無數行人生命的征程，怎麼會沒有意思呢？」

「那有什麼好看的呢？不就是紅綠燈嗎？」西蒙還是不解。

「孩子，你還不明白。這人生呀，就像那紅綠燈，一會兒紅、一會兒綠。紅的時候呀，就沒法動了，動了就會出交通事故；綠的時候呢，就一路通暢無阻。」

老太太頓了頓接著說：「有時你遠遠看著那燈是綠的，等車子加速到了跟前，卻可能突然就變紅了。有時遠看著是紅的，到了跟前就變綠了。有的車到每個路口都可能是綠燈變紅燈，有的車到每個路口也有可能都是紅燈變綠燈。可是呀，他們最終都同樣離開了這裡，朝著遙遠的地方去了。有了這紅綠的變換，人生的步伐不才有快慢調整，人生的景色不才有五彩斑斕嗎？為什麼要為一次紅燈而焦慮不安，或為一次綠燈而興奮不已呢。」

西蒙終於明白：原來自己一直在人生的路口撞上紅燈。但是綠燈總會閃起，遠方依然在召喚著他。帶著對老太太的感激，西蒙開始了新的努力。

40 歲那年，西蒙成了美國最著名的電腦經銷商，擁有億萬家產。在哈佛大學演講那天，在如雷的掌聲中，他沒有忘記當年那位房東老太太的教誨，他平靜地說道，自己只不過是遇上了人生的綠燈而已。

當你身處逆境時請不要再責備命運的不公了。表面的逆境和霉運，實在是順境和幸運的另一種表現形式，他們是使你不斷提高的臺階，是你奮進的源泉，是你戰勝自我的過程，是你攀登頂峰的必經之路。

在我們成功的時候，不要忘記人生還有紅燈；失敗的時候，不要忘記前面可能就是綠燈。人生就是一條路，只要你在不停地行走，就不會在每一個路口都會碰到綠燈，也不會都遇到紅燈。

人生便利貼：如何面對你的挫折

　　我們中所有的人都或多或少地經歷過這樣或那樣的挫折，而並不是所有的人都能瀟灑地將這些挫折所帶來的煩惱都拋至一邊。既然如此，我們如何才能學會抵禦這些煩惱的侵入呢？

■ **馬上採取行動來解決不順心的事**：不管挫折是大是小，只要它影響你的情緒，你就需要小心對待。

　　當你的情緒化傷害到了與你關係最親密的朋友或同事，你應該怎樣做呢？你需要做的就是馬上向對方道歉，而不要因為矜持影響了你與朋友或同事間的關係，使你的態度最終受到影響。努力維繫你認為值得的友誼，否則你會為失去一份珍貴的友誼而後悔懊惱。

■ **改用你的備選方案**：如果當前事態的進展不順利時，你完全可以尋找新的契機，選用替代方案。簡單地說，就是放棄你目前採取的方案，轉而使用你的備選方案。

　　有時我們制定備選方案只是為了預防不測，也有的時候，我們設計備選方案是為了讓自己盡量不受到消極情緒的侵擾。不管我們是出於怎樣的目的，備選方案意味著改變，而改變就意味著我們不會因為一成不變的模式而變得機械和喪失活力。

■ **用一種假想的「轉換器」將消極因素變為積極因素**：俗話說「吃一塹，長一智」，經歷挫折有時可以成為一種有用的經驗。如果你認定了與某人的關係是鐵定的長久的，你沒有想到對方卻提出與你終結這段關係，處在這樣的情形之下，你如何採用你的「虛幻轉換器」呢？

你應該採取的行動就是向前看，你不妨多花點精力在你的前途和事業上，在以後的工作中，誰說你不會再遇到一個你值得交往的人，再建立長久的關係呢？簡單地說，你從挫折中吸取教訓，以此為鑒，使自己做得更好。

第二章　勇敢穿越「黑森林」

　　生命中，失敗、內疚和悲哀有時會把我們引向絕望。但不必退縮，我們可以爬起來，重新開始。

　　也許，你心愛的人離開了你，或者是死神從你手裡奪走了她；也許，你被迫離開了一個使你的生存有價值的工作；也許，一個你鍾愛的孩子遇到了麻煩；也許，你做了錯事，而被內疚的包袱壓得喘不過氣來。我們中間有哪一位能不被內疚和憂患擊倒而到達生命的終點呢？

　　最糟的事情莫過於當這些危機來臨時，找不到一個擺脫的辦法。我們有種種逃避的方法 —— 飲酒、操起毫無意義的嗜好、或者乾脆沒精打采地閒晃以消磨時光。

　　我們必須使勁站起來重新開步走。因為我們身體中的每一個細胞都是為了在生命中奮鬥而安排的。生命是一支越燃越亮的蠟燭、是一份來自上帝的禮物、是一筆留給後代的遺產。

　　怎樣學會站起來重新走？怎樣戰勝內疚、憂傷、失敗帶來的疲憊而熱愛生活？怎樣堅持到光明重新來臨？怎樣才能到達那個時刻 —— 在絕望中仍能夠說：「也許，我能再試一次？」

　　我們來聽聽作家安德維斯・懷特曼是如何面對生命中的那些悲觀的日子的。

PART2　人生必要的喪失

第一，找一個富有同情心的人，你對他能夠推心置腹。

我記得自己有一次在悲傷時，一位當律師的老朋友在百忙中來看我，待了 3 小時。我們坐在廚房桌邊，吃烤葡萄乾松餅。他毫無怨言，我盡情地對他發洩著悲痛，同時為有這樣的朋友而感到幸運和滿足。

第二，伸出手去幫助別人，借此治療自己的創傷。

幾年前，我遇到一個約 25 歲的年輕人，他用全部業餘時間為一個青少年組織工作，我問他為什麼這樣做。

「我 17 歲時，剛學會開車，」他告訴我，「撞死了一個橫穿馬路的男孩。雖然沒有人要我賠償什麼，但我悲傷欲絕。直到鄰居的一個小孩請我做一個遊戲的裁判時，痛苦才止住。幫助這些孩子正是我的需求，它把生活還給了我。」

第三，相信奇蹟。

許多人曾陷於極度迷惘的困境中，可一旦擺脫了它，卻得到了意想不到的歡樂和力量。我們來看看安德維斯·懷特曼的切身經驗吧。

我記得發生在自己生活中的一件事。我曾有過一段悲痛的時候，我失去了唯一的兒子吉姆 —— 一個熱情、機靈、充滿愛心的年輕人。他死後兩年，巨大的悲痛還是緊隨著我，我決定去蘇摩斯 —— 在那裡他曾愉快地就讀於愛丁堡大學。沿著他的足跡，和他分享那幸福的時光。

在愛丁堡的一週，我哭得死去活來，但我還是復甦了。我在揪心的、煤跡斑斑的古老城市裡，處處感到吉姆的存在：在他住過的用石頭圍起來的公寓的玫瑰園裡；在他於各個季節騎自行車領略風和海圍繞的小山上。

在那一週裡，我感到獲得了新生，這片古老的土地給了我對新生、奇蹟和重新鬥爭的信念，給了我這樣的信心：我們能夠戰勝一切不幸。

所以，歡迎奇蹟的來臨吧！準備新生不是一次，而是多次。到生活最接近你的地方去 ── 海邊、山巔，傾聽它們蘊藏著新生和重回生活的聲音。

一次邁一步，如果你身上沒有出現奇蹟，定下心來做接著到來的事情，因為一次只能邁一步。

一個人在成年後突然瞎了眼，他絕望了，直至碰到另一個瞎子，他對他說：「哦，你知道，你可以從洗自己的襪子做起。」

保護你的熱情，不管它是多麼脆弱。要對照入你的「黑森林」的每一縷陽光都要作出回報，尋找那些尋常的、但也是令人喜悅的歡樂。我回想起一個孤獨的可愛的晚上，屋頂上響著雨聲，聽著巴赫的小提琴協奏曲，讀著過去的情書。我想起在一個月光皎潔的晚上，在一個河灣滑雪，滑向岸上響著音樂和聲的營火。

同時，留意周圍美麗的自然界，這裡有另一種生活在行進 ── 無數的樹木和鮮花，河流和鳥兒，請注意這些特別的事：鳥兒展翅的角度，風吹綠樹的動姿。

最後，學會感謝。

每天，特別是心緒不好時，我尋找感謝的理由：「謝謝上帝，四季運轉無窮無盡；謝謝，書本、音樂和促使我們成長的生活之力。」

這樣讚美，有時你會發現自己說：「謝謝上帝，你創造的生活正像它應該是的那樣：痛苦伴隨著歡樂。」你會發現自己在想：出生、生活，這是多麼的好啊！

人生便利貼：學會有效傾訴

　　當一個人遇到不如意事，被心理負擔壓得透不過氣時，如果有人真誠而又耐心地聽他傾訴，他會獲得一種如釋重負的感覺。不過，如果你找的傾訴對象不是諮商心理師，那麼至少需要注意三點：

- **要找會傾聽者**：當遇到一般的心理問題時，可以找身邊的親朋好友傾訴，但一般的親朋好友大多缺乏必要的心理學知識，傾聽的水準不是很高，往往起不到傾訴者預想的效果，遇到喜歡搬弄是非或缺乏誠信的人，還會造成適得其反的結果。因而，傾訴不是逢人便說、見人就講，必須找那些善解人意且真誠可信的人。

- **傾訴不是簡單地倒苦水，不是抱怨、不是嘮叨**：在向親朋好友傾訴時，應盡量不使用極端化的或過分情緒化的語言，因為這樣的語言不僅具有很大的破壞性和傳染性，在沒有專業人士糾正的情況下，還會使某些負面情緒和偏執觀念得到強化，將有害而無益。

- **傾訴要做好充分的準備**：傾訴本身是一種自我心理平衡、自我心理整合的過程，能夠解決傾訴者心理問題的人正是傾訴者自己。因而傾訴時，應把一切瑣事拋開，準備充足的時間，並準備直面自我、解剖自我，透過直面和解剖使心理得到修復。

　　如果傾訴者還不能很好地做到以上幾方面，需要傾訴時最好尋求專業諮商心理師，向他們傾訴，一方面能夠得到及時有效的指點和疏導，另一方面諮商心理師具有對傾訴者的傾訴內容嚴格保密的職業道德，效果會更好些。

第三章　更軟弱還是更堅強，由你選擇

「一隻腳踩扁了紫羅蘭，它卻把香味留在那腳跟上，這就是寬恕。」

我們常在自己的腦子裡預設了一些規定，認為別人應該有什麼樣的行為。如果對方違反規定，就會引起我們的怨恨，其實，因為別人對我們的規定置之不理，就感到怨恨，不是很可笑嗎？

大多數人都一直以為，只要我們不原諒對方，就可以讓對方得到一定的教訓，也就是說：「只要我們不原諒你，你就沒有好日子過。」其實，倒楣的人是自己：一肚子窩囊氣，甚至連覺也睡不好。

下次覺得怨恨一個人時，閉上眼睛，體會一下你的感覺，感受一下你的身體，你會發現：讓別人自覺有罪，你也不會快樂。

一個人愛怎麼做就怎麼做，能明白什麼道理就明白什麼道理。你無論怎樣讓他感到愧疚，對他都差別不大，但是卻會「破壞你的生活」。

萬事不由人，颱風帶來豪雨，你家地下室變成一版澤國，你能說我永遠也不會原諒天氣嗎？萬一海鷗在你的頭上排泄，你會痛恨海鷗嗎？既然如此，又為什麼要怨恨別人呢？我們沒有權力控制風雨和海鷗，也同樣無權控制他人。老天爺不是靠怪罪人類來運作世界的 —— 昕有對別人的埋怨，責備都是人類造出來的。

談到寬恕，首先就要原諒父母。天下沒有十全十美的父母，他們當然並不完美。而且當年你還小的時候，市面上也還沒有現在流行的一百分父母之類的育兒經，令尊令堂除了自己摸索門路外，還有許許多多其他事要操心！不論他們有什麼不對的地方，都已經是陳年往事了。只要你一天不能原諒父母，就一天不能心安理得地過日子。

你或許會問：如果有人做了非常惡劣的事，我還要原諒他嗎？我們來聽聽安德魯‧馬修斯（Andrew Matthews）給我們講述的一個真實故事吧。

PART2　人生必要的喪失

　　我有一個朋友，名叫山迪‧麥葛利格。1987 年 1 月，一名精神病患者持槍衝進他家，射殺了他三個花樣年華的女兒。這場悲劇使山迪陷入痛苦的深淵，幾乎沒有人能體會他的悲痛與憤怒。

　　隨著時間的流逝，他在朋友的勸慰下體會到，要使自己的生活步入常規，唯一的辦法是拋開憤怒，原諒那名凶手。目前，山迪把所有的時間用來幫助別人獲得心靈的平靜和寬恕他人。從他的經驗可以證明，即使遭逢巨變所引起的怨恨，有人也依然可以釋懷。如果你問山迪，他會告訴你，他拋開憤怒是為了自己，希望自己好好活下去。

　　我發現，和山迪經驗相似的人大致可以分為兩種：第一種始終生活在憤怒及痛苦的陰影下，第二種人卻能得到超乎常人的同情心與深度。

　　令人心碎的事、大病、孤寂和絕望每個人都難以倖免。失去珍貴的東西之後，總有一段傷心的時期。問題是，你最後到底變得更堅強還是更軟弱。

人生便利貼：如何癒合心靈創傷

- **接受麻木的感受**：讓自己的心靈一點一點地感受不幸。
- **保持積極的狀態**：你可能會發現幫助他人可以給自己帶來安慰。但是，注意不要去承擔過多的責任。如果過量的活動是阻止你回憶此次意外的方法，它往往會對你造成新的傷害。
- **尋求支持**：與自己的好友和家人討論自己的感受，並讓他們為你提供身體和情感上的支持。
- **為自己留出時間**：為了癒合自己的情感創傷，你會發現不時地騰出時間讓自己單獨待一會兒或者只與家人或好友相處是很有必要的。

- **面對現實**：注意不要逃避對意外的回憶、參加葬禮並回憶意外發生的場景。
- **調整自己的情感**：思考、談論和夢到意外都是很有益的。這些活動你做得越多，情感的調整也就越好，你恢復正常生活的時間也就越快。

第四章　面對災難，停止抱怨

人生不如意的事很多。

人一生成長奮鬥的過程就好像攀登一座高塔一樣，從誕生之日起，就已經開始攀登這座高塔階梯了。從爬行到站立，從哇哇啼哭到牙牙學語，都是在攀登這座高塔階梯。

然而在此過程中，人們可能會遭到更大的困難和失意。此時，你只是心為物役、患得患失，充滿抱怨和痛苦，那你只會被悲傷和絕望窒息心智。

聰明的人不是一味地迴避災難，而是較好地利用災難，他們以頑強的意志和超人的毅力戰勝厄運，以過人的智慧和精力排除前進中的每一個障礙。有一句話是這樣說的：「命運給我顏色，我正好開個染房，命運給我一地碎玻璃，我為何不將它製成可以跳天鵝湖的水晶鞋？」

其實生活就像自然界，有風有雨、有陰有暗、有圓有缺，就看我們如何對待它了。樂觀地對待它就會有健康和幸福，悲觀地抱怨就會有無盡的煩惱，而且抱怨都是徒勞的。馬克·吐溫在晚年的時候很有感慨地說道：「我的一生有太多的憂慮是一些從未發生過的，沒有任何行為的，這比無中生有的憂慮更加愚蠢。」

我們每個人從一生下來都有不同程度的缺陷，有些是可以改變的，有

些則不可改變。卡爾・喬特是一位有名的心理學家，8歲時因疾病雙目失明，在最初的日子他哭鬧，拒絕接觸任何人，甚至自殘，他不停地憤怒地直問外婆：「為什麼看不見了？為什麼看不見了？你們為什麼能看見，我就看不見……。」哭聲和吵鬧搞得家裡終日不得安寧。

卡爾的父母在他兩歲時離婚，他從小和外婆生活在一起，每當他哭鬧時外婆都心如刀絞，但為了讓卡爾接受現實，培養他對生活的信心和勇氣，外婆辭去了工作，每天陪伴著卡爾，幫助他在黑暗中獨立生活，並給他講了許許多多的殘疾人的故事。

其中有一個故事深深打動了卡爾：「有一位獨臂先生，用掉積攢了很長時間的錢，買了一雙自己非常喜歡的、期盼許久的皮鞋去擠火車，由於火車人太多，他不小心擠掉了一隻鞋，火車開動後他才發現少了一隻鞋，當周圍的人都替他痛惜的時候，他沒有抱怨，沒有懊腦，毫不猶豫地把剩下的一隻鞋連同盒子一起拋向窗外。這一奇怪的舉動令周圍的人迷惑不解。而這位先生卻笑著說：『這只鞋無論多麼昂貴，但對於我來說已經沒什麼用了，與其抱殘守缺，不如果斷放棄。』他希望拾到鞋子的人能拾到一雙，說不定還能穿。」

卡爾當時並沒有完全理解這個故事，但最終他領悟了外婆的用意。在外婆堅持不懈的關心和幫助下，卡爾慢慢地適應了沒有光明的生活，並順利讀完了碩士，成為一名心理學專家。

在一次演講中他說道：「儘管我看不見太陽，但我可以感受到陽光的溫暖；雖然我看不見大海，但我可以傾聽大海的聲音」。當卡爾說出這番話的時候，他是如此的豁達、如此的樂觀，沒有一絲的抱怨、沒有一絲的頹廢，只有快樂和自信。看不到太陽不要緊，可以享受它的溫暖；看不到大海，同樣可以傾聽它的聲音。卡爾就是「聽著海的聲音，享受著太陽的

溫暖」走向了成功。

　　有位哲人曾經說過：「心靈是他自己的天堂，它可以是天堂中的地獄，也可以是地獄中的天堂。是要天堂還是要地獄，這需要每個人自己來決定。」

　　聖母峰不會由於登山者的抱怨而發生絲毫的變化，麻煩也不會因為你的抱怨而自動消失。請記住：在抱怨中，我們會流失時間、流走一段生命、一縷黑髮、一個會心的微笑！

▌人生便利貼：真心接受無法改變的事實

- 記住該記住的，忘記該忘記的，改變能改變的。
- 怨言是上天得至人類最大的供物，也是人類禱告中最真誠的部分。
- 如果敵人讓你生氣，那說明你還沒有勝過他的把握。
- 如果朋友讓你生氣，那說明你仍然在意和他的友情。
- 人生短短幾十年，不要給自己留下了什麼遺憾，想笑就笑、想哭就哭，要敢愛敢恨，不要無謂壓抑自己。
- 生命中，不斷地有人離開或進入。於是，看見的，看不見的；記住的，遺忘了。生命中，不斷地有得到和失去。於是，看不見的，看見了；遺忘的，記住了。然而，看不見的，是不是就等於不存在？記住的，是不是永遠不會消失？
- 後悔是一種耗費精神的情緒。後悔是比損失更大的損失、比錯誤更大的錯誤。所以不要後悔。
- 日出東海日落西山，愁也一天，喜也一天；遇事不鑽牛角尖，人也舒坦，心也舒坦。

▌第五章　挖掘藏在身體裡的寶藏

　　一個竭盡全力、意志堅定去完成自己既定目標的人，最終會贏得命運的青睞、敵人的敬畏。成功的大門會為他而敞開。

　　美國青年麥吉的故事就是對於意志力量最好的詮釋和說明。

　　麥吉對於他遭遇的第一次意外，已全無記憶。他只記得那是 10 月一個溫暖的晚上。麥吉當時 22 歲，剛從著名的耶魯大學戲劇學院畢業。他聰明英俊，人緣又好，正是意氣風發、前程似錦的大好時光。那輛 18 噸重的貨車撞向他時，麥吉一點都沒有看見。他記得的下一件事，就是醒來時發現自己身在加護病房，左小腿已經被截去。

　　此後 8 年裡，麥吉全力以赴，要把自己鍛鍊成為全世界最優秀的獨腿運動員。在康復期間，他飽受疼痛折磨。但是他從不抱怨，終於熬了過來。失去左腿後不到 1 年，麥吉開始練習跑步，不久便常去參加 10 公里賽跑，隨後又參加紐約馬拉松賽和波士頓馬拉松賽。他的成績打破了身障組的紀錄，成為全世界跑得最快的獨腿長跑運動員。

　　接著他又進軍三項全能。那是一項極其艱苦的運動，要一口氣游泳 3.85 公里，騎腳踏車 180 公里，跑 42 公里的馬拉松。這對於只有一條腿的麥吉來說，無疑是極大的挑戰。

　　西元 1993 年 6 月的一個下午，麥吉在南加州的三項全能比賽中，帶著一大群選手騎著腳踏車以 56 公里的時速疾馳，沿途有群眾在夾道歡呼。突然，麥吉聽到人群中發出尖叫聲。他扭過頭去，只見一輛黑色小貨車朝他直衝過來。

　　麥吉對於這次被撞可是記得一清二楚。他記得群眾的尖叫，記得自己的身體飛過馬路，一頭撞在電燈柱上，頸椎「啪」的一聲折斷，他還記得自己被抬上了救護車，然後，他就昏了過去，什麼都不知道了。麥吉接受

了緊急脊椎手術後醒來時，發現自己躺在重症病房，一動也不能動。他清楚記得周圍的護士個個都滿臉淚水，一再說「我們很難過。」麥吉四肢都癱瘓了。那一年他 30 歲。

麥吉的四肢因頸椎折斷而失去功能，但仍保存少量神經活動，使他能稍微動一動手臂，坐在輪椅上身子可以稍微向前傾一點，雙手能做一些簡單的動作，雙腿偶爾能抬起兩三公分。

當麥吉知道四肢有一點知覺時，他很激動。因為這意味著他有恢復獨立生活能力的可能。經過艱苦鍛鍊，自認為很幸運的麥吉漸漸進步到能自己洗澡、穿衣服、吃飯，甚至能開經過特別改裝的車子。醫生對此都感到十分驚奇。

醫院對脊椎重傷病人的治療，好似在實施酷刑。他們先給麥吉裝上頭環：那是一個鋼制的環，直接用螺釘裝在顱骨上。然後，把頭環的金屬撐條連接到夾在麥吉身體兩側的金屬板上，以固定麥吉的脊椎。安裝頭環時只能局部麻醉。當醫生將螺釘擰進麥吉的前額時，麥吉痛得直慘叫。

護士常來給麥吉抽血，把導管插入他的膀胱，或者把頭環的螺釘擰牢。每次有人碰到他，他都痛得尖叫。他覺得自己沒有了自我、沒有了過去、沒有了將來、沒有了希望。

兩個月後，頭環拆掉，麥吉被轉到科羅拉多州一家復健中心。在他住的那層樓裡，住的全是最近四肢或下身癱瘓的病人。他發覺原來有那麼多人和他有相同或相似的命運。

於是，他過去所擁有的那種頑強不屈、永不向命運低頭的精神又回來了。他對自己說，你是過來人，知道該怎樣做。你要拚命鍛鍊，不怕苦、不氣餒，一定要爭取離開這個鬼地方。其後幾個月，麥吉再度變得鬥志昂揚，復健速度之快，出乎所有人預料。

PART2　人生必要的喪失

　　脖子折斷後僅僅 6 個月，麥吉就重返社會，開始獨立生活。又過了大約 6 個月之後，他在一次三項全能運動會上，以《堅忍不拔和人類精神力量》為題，發表了激動人心的演說。

　　目前麥吉住在新墨西哥州聖非市，每逢天氣好的早晨，他會從床上下來，插上導管，洗個淋浴，穿上衣服，離開寓所。所有這一切，他不用 3 個小時就能完成。然後他到體育館去鍛鍊兩個小時，做一些諸如在水裡步行、騎健身腳踏車之類的運動。今天，他正在加州聖芭芭拉市帕西非卡研究所攻讀神學博士學位。

　　與麥吉所遭受的苦難相比，很多罹癌朋友根本就沒有理由怨天尤人、自暴自棄。麥吉超越了自己的不幸，創造了生命的奇蹟。

　　沒有人能夠否認：他們的人生是成功的、輝煌的。而他們賴以取得這成功、創造這輝煌的資本就是超乎尋常的意志力。

　　同樣沒有人能夠否認：這意志力並非麥吉獨有。在我們每一個人的身體裡，包括在罹癌朋友的身體裡，都埋藏著這種寶藏。

▌人生便利貼：如何激發自己的潛能

　　如何讓我們找出生命的意義、找出想成為的理想人物、重新建立價值觀與信念、由自己設計生命的架構，而不是讓環境不斷地影響你呢？以下的問題是世界上頂尖成功者都思考過的，最終也都達到類似的結果。如果你也能一一找到答案，你將有效地激發起令人驚異的生命潛能。

■　問句一：我生命的意義，即生命目的在哪裡？
　　人在世上若想快樂，必須感受到自己存在的重要性，如果連目的都不清楚，則會盲目一生，失去方向。

■ 問句二：我是誰？我的理想是要成為怎樣的人物？

不管你得到任何東西，都無法讓你持續快樂！能持續快樂的條件是成為你理想中的人。

■ 問句三：我有哪些價值觀？

所謂明確價值觀，就是明確自己認為最重要的事情。人通常透過價值觀和信念（觀念）來下決定，依次產生行動和結果。因此，下決定只是價值觀驅使下的行動分配。

每人心中都有一個特定的價值取向，即：哪些事重要、哪些較不重要。一般人價值觀的形成都來自於他的環境，很少一部分人的價值觀是由自己所設計出來的。價值觀分為間接性和結束型兩種，而間接性價值觀常以名詞來表現，結束型價值觀則表現為一種感覺。

我們要設計的人生價值觀是結束型價值觀，也就是一種感覺。只有把這種感覺寫下來，才對激發你的潛能有所幫助。

■ 問句四：我有哪些信念？

■ 問句五：我一生的策略是什麼？

■ 問句六：今年的五大目標是什麼？

■ 問句七：目前的短期目標有哪些？

■ 問句八：每天所要實行的行動有哪些？

如果上述問題的答案寫的越好，你的潛能就會更有效的激發

▍第六章　苦難是一本啟智開慧的好書

　　人們都希望自己成為生活的強者，但通向強者之路上永遠有苦難在那裡等待。

　　苦難是一本啟智開慧的好書，當人們精心閱讀感受之後，會發現它在娓娓講述豐富的生活閱歷時，又夾著睿智，細細品味會使人豁然開朗，智慧倍增。

　　苦難又是一位深沉的哲人，他說：強者的人生意義不在於他輝煌的成功，而在於他為實現理想，所做的一次又一次搏擊，強者在風浪中領略到瑰麗之景是平庸者永看不到的。

　　苦難對於每個人來說都是一場考驗，只有經受住苦難的考驗，才能鑄就非凡人生。

　　說起如何面對苦難的考驗時，不提到貝多芬是令人遺憾的，因為他在人類戰勝苦難方面，創造了不亞於他那些交響曲的輝煌成就。

　　西元 1770 年冬天，德國作曲家貝多芬誕生在波昂一間牆壁歪斜且簡陋的小屋裡。父母不和、生活貧困，悲慘的童年讓他的心中孕育著強烈而深沉的感情，造成他性格上的嚴肅、孤僻、倔強和獨立不羈。從 12 歲起他開始作曲；14 歲參加樂團演出，並領取薪資補助家庭。可以說，貝多芬幾乎成了苦難的象徵。

　　到了 17 歲，母親病逝，把家中最後的錢花光了，留下兩個弟弟、一個妹妹，還有一個已經墮落的父親。不久，貝多芬又得了傷寒和天花。他遭受的不幸，簡直不是一個孩子能夠承受的。

　　儘管如此，貝多芬還是堅持過來了，既為了家庭生活，也為了自己的愛好，他一直在樂團工作著。貝多芬的音樂作品充滿了高尚的思想感情：有的像奔騰的激流，給人以信心和力量；有的如美麗的大自然，淳樸

明朗、莊重寧靜；有的似素月清輝傾瀉在橡樹陰中，縹緲輕柔、優美深遠……。

貝多芬的音樂天分才剛剛萌芽，在他正要邁入風華正茂的黃金時代之際，他竟發覺自己的聽力開始衰退。誰都知道，音樂是離不開耳朵的存在，這位早就把整個生命都獻給音樂的德國青年，怎麼能在 26 歲的年齡喪失聆聽音樂的聽力呢？

起初，貝多芬極力掩飾因失聰遲鈍的缺陷。他避而參加社會活動，以免別人發現他失聰。後來，他兩耳完全失去聽力，實在無法掩飾了，就隱居到維也納郊外的海利根施塔特。他曾在一份叫做「遺囑」的檔中傾吐了當時的苦衷：

「我不可能對人家說：『大點聲講，大聲喊，因為我是個聾子。』我本來就有一種優越感，認為自己是完美無缺的，比任何人都要完美，簡直是出類拔萃。我怎麼能夠承認這種可怕的病症呢？當別人站在我的身邊能聽到遠處的長笛聲，而我卻什麼也聽不見時，這是一種多麼大的恥辱啊！諸如此類的經歷簡直把我推到了絕望的邊緣 —— 我甚至曾想到要了此殘生。」

殘酷的命運，使這位年輕的音樂家痛苦萬分，但最終沒能使他消沉，他摒棄了自殺的念頭，對朋友說：「是藝術，只是藝術挽留住了我。在我尚未把我的使命全部完成之前，我不能離開這個世界。」

貝多芬決定挑戰悲慘的命運。他在給朋友的信中說：「我要扼住命運的咽喉，它休想使我屈服！」

這句話成了貝多芬一生的座右銘，這句話也最能表現出他堅韌不屈的性格。從此，他比以前更加發奮、努力。他向朋友們描述了自己失聰後爭分奪秒、緊張創作的生活：「一切休息都沒有！ —— 除了睡眠之外，我不

知道還有什麼休息。」、「無日不動筆，如果我有時讓藝術之神瞌睡，也只為要它醒後更興奮。」

貝多芬與命運進行艱苦搏鬥的時期，正是他一生中創作力量最旺盛、成就最輝煌的時期。他大部分成功之作，都是在喪失聽力之後創作的。他以驚人的毅力、辛勤的勞動和巨大的成就，掀起了世界音樂史上嶄新的一頁。

苦難是一筆財富，它會錘鍊人的意志，使人獲得生活的真諦。中國有句成語說「苦盡甘來」、另一句又說「吃得苦中苦，方為人上人」。這些都是鼓勵人要經受住苦難的考驗，在面對苦難的時候要忍耐、要有希望，只有保持這樣一種心態，才會走向人生的輝煌。

▌人生便利貼：苦難變成財富的條件是什麼

有人說：苦難是人生的一筆財富！這句話當然沒有錯，可是，要變成財富也是要有條件的，那就是你必須戰勝苦難。只有戰勝了苦難，你才不會受苦，在別人面前說起才不會自卑，相反別人會認為你是在訴苦。

所以，如果你在逆境中戰勝了苦難，那你就得到了人生中值得驕傲的一筆財富，如果苦難戰勝了你，那它就是你的屈辱！

▌第七章　怨天尤人只會使心情更糟

厄運的到來是我們所無法預知的，面對它的巨大壓力，怨天尤人只會使我們的心情更糟。所以我們必須選擇一種對我們有好處的活法，換一種心態，換一種途徑，才能不為厄運的深淵所淹沒。

在漫長的歲月中，我們會碰到一些令人不愉快的事情，它們既然已經存在了，我們就應該加以接受，並且適應它。哲學家威廉·哈達威說道：「要樂於承認事情就是這樣的，能夠接受發生的事實，就是能克服隨之而來的任何不幸！」

卡內基（Dale Carnegie）小時候和幾個朋友在家鄉的一座老房子玩，當他從窗欄上跳下來的時候，戒指鉤住了一根釘子，他的一個手指被拉掉了。

當時，卡內基曾尖叫過、恐懼過，可等到恢復後，他再也沒有為此而憂慮。他勇敢而平靜地接受了這個現實，從此以往也幾乎沒有去想過——他的左手只有四個手指。

卡內基忘記這件事，只是奮鬥，他過得幾乎比世上所有的健康人都好。

當然，重要的不是忘記，而是去適應。

在卡內基成功學的演講裡，還有這樣一個故事：

底特律已故的愛德華·埃文斯先生從小出生在一個貧苦的家庭，起初只能靠賣報來維持生計，後來在一家雜貨店當營業員，家裡好幾口人都靠他的微薄薪資來度日。後來他又謀得一個助理圖書館管理員的職位，薪水依然很少，但他必須幹下去，畢竟做生意實在是太冒險了。8年之後，他借了50美元開始了他自己的事業，結果一帆風順地發展成了頗具規模的事業，年收入兩萬美元以上。

然而，可怕的厄運在突然間降臨了。他替朋友擔保了一張面額很大的支票，而朋友卻破產了。禍不單行，那家存著他全部積蓄的大銀行也破產了。他不但血本無歸，還欠了一萬多美元的債，在如此沉重的雙重打擊下，埃文斯終於倒下了。他吃不下東西、睡不好覺，而且罹患了莫名其妙

的怪病，整天處於一種極度的擔憂之中，大腦一片空白。

　　有一天，埃文斯在走路的時候，突然昏倒在路邊，以後再也不能走路了。家裡人讓他躺在床上，接著他全身開始腐爛，傷口一直往骨頭裡面滲了進去，甚至連躺在床上也覺得難受。醫生只是淡淡地告訴他：只有兩個星期的生命。

　　得到這樣的「判決」，埃文斯索性把全部都放棄了，他靜靜地寫好遺囑，躺在床上等死。人也徹底放鬆下來，閉目休息。

　　命運在這個時候又向埃文斯開起了玩笑。一切似乎都好起來了，他睡得像小孩子那樣踏實，一切困難也似乎正在悄悄結束，自己也不再進行無謂的憂慮了，胃口也開始好起來了。最終，他撤回了遺囑。

　　幾星期後，埃文斯已能支著拐杖走路。六個星期後，他又能回去工作了。只不過以前一年賺兩萬元，現在是一週賺 30 元，但他已經感到萬分高興了。

　　他的新工作是推銷一種擋板，他早已忘卻了憂慮，不再為過去的事而悔恨，也不再害怕將來。他把他所有的時間、所有的精力、所有的熱忱都用來推銷擋板。日子又興盛起來了，一切進展順利。不過幾年而已，他已是埃文斯工業公司的董事長。如果你坐飛機去格陵蘭，很可能降落在埃文斯機場，這是專門為紀念他而建立的飛機場。

　　怨天尤人只會使心情更糟，甚至增加厄運的威力，使你的命運更加灰暗；勇敢、堅強地接受既有事實帶來的不幸和困境，並且能平靜而理智地對待它、利用它，我們才可以戰勝種種厄運，成為生活中的強者。

人生便利貼：擁有好心情的 50 條祕訣

1. 如果您覺得力不從心，那麼應堅決地拒絕任何額外的加班加點。

2. 擁有一兩個知心朋友。

3. 犯錯誤後可別過度內疚。

4. 正視現實，因為迴避問題只會加重心理負擔，最後使得情緒更為緊張。

5. 不必事事、時時進行自我責備。

6. 有委屈不妨向知心人訴說一番。

7. 常對自己提醒：該放鬆放鬆了。

8. 少說「必須」、「一定要」等硬性詞。

9. 對一些瑣碎小事不妨任其自然。

10. 不要怠慢摯愛親朋。

11. 學會「理智」地待人接物。

12. 把挫折或失敗當作人生中不可避免的經歷。

13. 實施某一計畫之前，最好事先就預想到可能會出現的壞結果。

14. 在已經十分忙碌的情況下，就不要再為那些分外事操心。

15. 常常看相冊，重溫溫馨時光。

16. 常常欣賞喜劇，更應該學會說笑話。

17. 每晚都應洗個溫水澡。

18. 臥室裡常常擺放鮮花。

19. 欣賞最愛聽的音樂。

20. 去公園或花園走走。

21. 回憶一下一生中最感幸福的經歷。

22. 結伴郊遊。

23. 力戒菸酒。

24. 邀請性格開朗、幽默的夥伴一聚。

25. 做 5 分鐘的冥想。

26. 培養 1～2 種新的愛好。

27. 學會自我按摩。

28. 參加一項感興趣的體育運動。

29. 交 1～2 個異性朋友。

30. 有苦悶時可向日記本傾訴。

31. 剪一次頭髮。

32. 穿上喜歡的新衣。

33. 必須吃早餐，而且須吃飽、吃好。

34. 少去噪音過大的場所。

35. 家養一種寵物。

36. 浴室、臥室裡都可噴一點香水。

37. 寬容他人的缺點。

38. 大度地接受他人的批評。

39. 常常清理書桌。

40. 不時靜思默想幾分鐘。

41. 不妨看看動畫片、讀讀童話故事。

42. 應跟兒童交朋友。

43. 給自己買些布娃娃之類的玩具。

44. 衣服顏色應多種多樣。

45. 說話、用餐時有意減慢速度。

46. 品嚐美食，但忌高脂肪食品。
47. 克服忌妒情緒。
48. 常常做深呼吸。
49. 常常擁抱親人。
50. 化妝也可幫助您擺脫緊張。

▌第八章　沒有什麼大不了的事

德國歷史學家蒙森（Theodor Mommsen）在《羅馬史》裡寫道：「運氣總是在某些時刻撤退，為的是要讓你以堅毅不撓的努力，把它重新召喚回來。」

假如我們身陷不測，與強盜歹徒展開生死搏鬥，只有把他打倒，我們才能夠活命。那麼，這時我們不可能再去請教拳擊教練，柔道專家，我們唯一能做的，就是用積極頑強的毅力捨命奮鬥，而往往會取得勝利。

如果一個人在 46 歲的時候，在一次悲慘的機車意外事故中被燒得不成人形，4 年後又在一次墜機事故後腰部以下全部癱瘓，會怎麼辦？

接下來，我們能想像他變成百萬富翁、受人愛戴的公共演說家、洋洋得意的新郎官及成功的企業家嗎？我們能想像他會去泛舟、玩跳傘、在政壇角逐一席之地嗎？

但這一切，米契爾全做到了，甚至有過之而無不及。在經歷了兩次可怕的意外事故後，他的臉因植皮而變成一塊彩色板，手指沒有了，雙腿細小，無法行動，只能癱瘓在輪椅上。

那次機車意外事故，把他身上六成五以上的皮膚都燒壞了，為此他動了 16 次手術，手術後，他無法拿起叉子、無法撥電話，也無法一個人上

PART2 人生必要的喪失

廁所。但以前曾是海軍陸戰隊員的米契爾從不認為他被打敗了。他說：「我完全可以掌控我自己的人生之船，那是我的浮沉，我可以選擇把目前的狀況看成倒退或是一個起點。」

米契爾為自己在科羅拉多州買了一幢維多利亞式的房子，另外他還買了房地產、一架飛機及一家酒吧。後來他和兩個朋友合資開了一家公司，專門生產以木材為燃料的爐子，這家公司後來變成佛蒙特州第二大的私人公司。

機車意外發生後 4 年，米契爾所開的飛機在起飛時又摔回跑道，把他胸部的 12 塊脊椎骨全壓得粉碎，腰部以下永遠癱瘓！

米契爾仍不屈不撓，日夜努力地使自己能達到最高限度的獨立自主，他被選為科羅拉多州孤峰頂鎮的鎮長，以保護小鎮的美景及環境，使之不因礦產的開採而遭受破壞。米契爾後來也競選國會議員，他用一句「不只是另一張小白臉」的口號，將自己難看的臉轉化成一項有利的資產。

儘管剛開始面貌駭人、行動不便，米契爾卻開始泛舟，他墜入愛河且完成終身大事，他拿到了公共行政碩士，並持續他的飛行活動、環保運動及公共演說。

米契爾屹立不倒的正面態度，使他得以在《今天看我秀》及《早安美國》節目中露臉，同時《前進雜誌》、《時代週刊》、《紐約時報》及其他出版物也都有米契爾的人物特寫。

米契爾說：「我癱瘓之前可以做 1 萬件事，現在我只能做 9,000 件，我可以把注意力放在我無法再做的 1,000 件事上，或是把目光放在我還能的 9,000 件事上。告訴大家，我的人生曾遭受過兩次重大的挫折，而我不能把挫折拿來當成放棄努力的藉口。或許你們可以用一個新的角度，來看待一些一直讓你們裹足不前的經歷。你可以退一步，想開一點，然後你就有機會說：『或許那也沒什麼大不了的！』」

這世上既然有幸運，也就會有不幸。當不幸來臨時，無論是發生了什麼事，都要保持一種積極向上的心態和頑強的奮鬥精神。我們要告訴自己：這沒什麼大不了的，我依然可以做以前想做的事，而且會把能做的事做得更好。

當生命陷落之時，正是我們接受磨練、發揮韌性的機會。如果你總是躲在暗處垂頭喪氣，抱怨世界的不公，看看米契爾的例子，想想自己吧！

人生沒有困難或挫折，便不叫人生，沒有感受過凜冽寒風的人，又怎麼會知道太陽光是如何溫暖？

人生便利貼：如何面對人生中的缺憾

每個人的一生中都難免有缺憾和不如意，也許我們無力改變這個事實，而我們可以改變的是看待這些事情的態度。

- **正確面對這個缺憾**：人首先要能夠正確面對人生的遺憾，要用平和的心態來對待生活中的缺憾與苦難，不要糾纏在裡面，一遍一遍地問天問地，這樣只能加重你的苦痛。

  心態不同，也許會帶來完全不同的生活品質。一個人的自信心來自哪裡？它來自內心的淡定與坦然。內心的強大可以化解生命中很多很多遺憾。要做到內心強大，一個前提是要看輕身外之物的得與失。當一個不幸降臨了，最好的辦法就是讓它儘快過去，這樣你才會空出更多的時間去做更有價值的事情，你才會活得更有效率、更有好心情。

- **要盡可能地去彌補這個遺憾**：要承認現實生活中的不足之處，並透過自己的努力去彌補這種不足。如果一個人不能接受這些遺憾，那麼遺憾就會被放得很大很大。如印度詩哲泰戈爾（Rabindranath Tagore）所說：「如果你因為錯過太陽而哭泣，那麼你也將錯過星星了。」

　　生活中會有許多不如意甚至不合理，也許憑我們個人的力量無法改變，但我們卻可以改變自己的心情和態度。從某種意義上說，一個人心中有什麼，他看到的就是什麼。

　　在今天這麼一個競爭激烈的時代，保持良好的心態比歷史上任何一個時期都更加重要。

▌第九章　自信與希望鋪就光明之路

　　提到海倫·凱勒，好像大家都不陌生。這位名傳全球的身障人，她是靠什麼突破自我，最終走向輝煌的成功之路呢？海倫的回答很簡單：「自信與希望！」

　　美國作家馬克·吐溫評價海倫說：「19 世紀中，最值得一提的人物是拿破崙和海倫·凱勒。」而《大英百科全書》稱頌海倫為有史以來身障人士最有成就的由弱而強者。

　　海倫剛出生時是個正常的嬰孩，聽力、視力與語言能力都是正常的。可是，一場疾病後，她變成既失明又失聰的小啞巴——那時她才 19 個月大。

　　生理上出現了缺陷，令小海倫性情大變。稍不順心，她便會亂敲亂打，野蠻地用雙手抓食物塞入口中；若試圖去糾正她，她就會在地上打滾亂嚷亂叫，簡直是個十惡不赦的「小暴君」。父母只好將她送至波士頓的一所啟明學校，特別聘請一位老師照顧她。

　　不幸中的萬幸，小海倫在黑暗的悲劇中遇到了一位偉大的光明天

使 —— 安妮．蘇利文（Anne Sullivan）女士。蘇利文也是位有著不幸經歷的人。她 10 歲時，和弟弟兩人一起被送進孤兒院，在孤兒院的悲慘生活中長大。由於房間緊缺，幼小的姐弟倆只好住進放置屍體的太平間。在衛生條件極差又貧困的環境中，幼小的弟弟 6 個月後就夭折了。她也在 14 歲得了眼疾，幾乎失明。後來，她被送到柏金斯啟明學校學習了點字和指語法，然後便做了海倫的家庭教師。

從此，蘇利文女士與這個蒙受三重痛苦的女孩的鬥爭就開始了。洗臉、梳頭、用刀叉吃飯都必須一邊和她格鬥一邊教她。固執的海倫則以哭喊、怪叫等方式全力反抗著嚴格的教育。但一個月後，蘇利文女士就能夠和生活在完全黑暗、絕對沉默世界裡的海倫溝通了。到底她是怎麼做到的呢？

在海倫．凱勒所著的《我的一生》一書中，我們可以找到答案。

書中有這樣一段感人肺腑的深刻描寫：一位年輕的復明者，沒有多少「教學經驗」，將無比的愛心與驚人的信心，注入一位全聾全啞全盲的小女孩身上 —— 先透過潛意識的溝通，靠著身體的接觸，為她們的心靈搭起一座橋。接著，自信與希望在小海倫的心裡產生，把她從孤獨絕望的地獄中解救出來，透過自我奮發，將潛意識無限能量地發揮，步向光明。

就是如此 —— 兩人手攜手、心連心，用信心與希望作為「藥方」，經過一段痛苦的掙扎，終於喚醒了海倫那沉睡的意識力量。一個既聾又啞且盲的少女，開始領悟到了語言的魅力。於是失明的海倫，開始憑著觸覺 —— 指尖去代替眼和耳 —— 從此學會了與外界溝通。她 10 歲時，名字就已傳遍全美，成為身障人士的模範 —— 她是一位真正的由弱而強者。

西元 1893 年 5 月 8 日，是海倫最開心的一天，這也是電話發明者貝爾（Alexander Graham Bell）博士值得紀念的一日。貝爾博士這位成功人士

PART2　人生必要的喪失

在這一日成立了他那著名的國際聾人教育基金會，而為會址奠基的正是 13 歲的小海倫。

若說小海倫沒有對生活喪失過希望，那是不確切的。幸運的是她自小就在心底裡樹立了顛撲不破的信心，超越了絕望。

小海倫成名後，並未因此而自滿，她繼續孜孜不倦地接受教育。西元 1900 年，這個 20 歲的身障女孩進入了哈佛大學拉德克利夫學院學習，在此之前她透過語法、點字及發聲等手段獲得了超過常人的知識。

「我已經不是啞巴了！」是她說出的第一句話。她發覺自己的努力沒有白費，興奮異常，不斷地重複說：「我已經不是啞巴了！」4 年後，海倫以優異的成績畢業，她成為了世界上第一個受到大學教育的盲聾啞人。

海倫不僅學會了說話，還學會了用打字機著書和寫稿，她總共寫了 7 本書。她雖然是位盲人，但讀過的書卻比視力正常的人還多，而且她比正常人更會鑒賞音樂。因為海倫的觸覺極為敏銳。只需用手指頭輕輕地放在對方的唇上，就能知道對方在說什麼；把手放在鋼琴、小提琴的木質部分，就能「鑒賞」音樂。她能以收音機和音箱的振動來辨明聲音，又能夠利用手指輕輕地碰觸對方的喉嚨來「聽歌」。

如果你和海倫·凱勒握過手，5 年後你們再見面握手時，她也能憑藉握手來認出你。而且還能知道你是一個美麗的、強壯的、體弱的、滑稽的、爽朗的，或者是滿腹牢騷的人。

海倫克服了常人「無法克服」的殘疾事蹟在全世界引起了震驚和讚賞。她大學畢業那年，人們在聖路易斯博覽會上設立了「海倫·凱勒日」。

她始終對生命充滿信心、充滿熱忱。她喜歡游泳、划船，以及在森林中騎馬。她喜歡下棋和用撲克牌算命；在下雨的日子，就以編織來消磨時間。

第二次世界大戰後，她在歐洲、亞洲、非洲各地巡迴演講，喚起了社

會大眾對身心障礙者的注意。她克服了一切困難，向全世界投射出了耀眼的光芒。

　　一個身障者尚且如此，我們作為健康人又豈能在困境中輕易放棄，甚至絕望呢？海倫‧凱勒都對自己充滿了信心，我們又為何如此氣餒呢？只要我們能培養出她那種由弱而強的自信性格，那麼我們也就能像她那樣──用自信與希望鋪就一條光明之路！

▍人生便利貼：培養孩子承受挫折和戰勝逆境的 5 種方法

- **講故事並進行角色扮演**：選取或自編一些挫折故事，講給幼兒聽，並和幼兒進行討論。每一個故事都能讓孩子增強信心，戰勝困難。

  還可講些可以進行表演的故事，和孩子一起根據情節進行表演，讓孩子扮演失敗或遭到挫折的角色，家長扮演幫助者的角色。然後，進行角色互換，家長扮演失敗者，孩子扮演幫助者。這樣，孩子既能體驗到挫折感，又能學會戰勝挫折的方法。

- **做遊戲**：家長多開展和設計一些與挫折有關的親子遊戲，讓孩子在遊戲中得到訓練。例如：可以和孩子玩「如果」的遊戲，家長提出問題，讓孩子盡可能多地想到解決的辦法。

- **製造困境**：為孩子製造一些困境，讓孩子犯錯誤，犯錯誤是很好的學習機會。

- **開展競賽**：多和孩子開展一些競賽活動，先讓孩子體驗失敗，再和孩子分析原因、改變方法，最後讓孩子體驗到成功。當孩子成功後，家長給予積極暗示，如對孩子說「失敗並不可怕」、「你真行」，必要時可以給予孩子獎勵。

■ **讓孩子吃苦**：讓孩子受一些感到不快或不舒服的外界刺激，如勞累、飢餓、寒冷、懲罰等，能讓孩子體驗到許多事情並非按自己的意願進行，克服自我中心傾向。

第十章　擁有一顆不甘現狀的心

「天有不測風雲，人有旦夕禍福。」現實是殘酷的，倒楣敗運的事時有發生。比如好端端的一個企業，在激烈的競爭中突然被人擠垮了；一樁非常看好的買賣，頃刻間賠光了你所有的積蓄，或一筆鉅款被人卷走。此刻，悔恨交織中，你是否能夠重新振作？面對接踵而來的挫折和不幸，你精神的大廈會不會轟然坍塌？

電影《刺激1995》，講述一個非常神奇的扭轉局面的故事。它能讓絕望的心在逆境和困窘中得到撫慰和激勵，讓你重新樹立希望和信心。

故事發生在西元1947年，銀行家安迪被設計指控用槍殺死了自己的妻子及妻子的情人，因此安迪被判無期徒刑，這意味著他將在蕭山克監獄中度過餘生。

蕭山克監獄是一座黑獄，一座吃人的監獄，無數的犯人關押在這裡。

監獄中的老犯人瑞德，西元1927年因謀殺罪被判無期徒刑，數次假釋都未獲成功。他現在已經成為蕭山克監獄中的「權威人物」，他這樣向他的獄友承諾：只要你付得起錢，我就有辦法搞到任何你想要的東西 —— 香菸、糖果和酒。

蕭山克監獄的犯人們有個自己設立的潛規則：每當有新囚犯來的時候，大家就打賭誰會在第一個夜晚哭泣。安迪的到來也是如此，大家都在瘋狂地把精力投在這個外貌普通、安靜靦腆的銀行家。瑞德認為弱不禁

風、溫文儒雅的安迪入獄當晚一定會哭，結果整夜沉默的安迪使他輸掉了4包菸。與此同時，也使瑞德對這個看似神祕的安迪另眼相看。

好長時間以來，安迪不和任何人接觸，在大家報仇怨恨的同時，他在院子裡很悠閒地散步，就像在公園裡一樣。一個月後，安迪主動請瑞德幫忙，希望幫他拿到一把小小的石錘，他的解釋是他想雕刻一些小東西以消磨時光，並向瑞德保證自己會想辦法逃過獄方的例行檢查。

不久後，瑞德就玩上了安迪用小石錘刻的西洋棋。之後，安迪又透過瑞德拿到了一幅人所共知的明星 —— 麗塔‧海華絲（Rita Hayworth）的巨幅海報，並貼在了牢房的牆上。

一次，安迪和另幾個犯人外出勞動，他無意間聽到監獄官在講有關個人繳稅的事。安迪主動說他有辦法可以使監獄官合法地免去這一大筆稅金。作為交換條件，他為十幾個犯人朋友每人爭得了兩瓶虎牌（Tiger）啤酒。喝著啤酒，瑞德說多年來，他又第一次感受到了自由的感覺。

銀行家身分的安迪由於精通財務制度方面的知識，使他很快擺脫了獄中繁重的體力勞動和其他變態囚犯的騷擾。不久，聲名遠揚的安迪開始為越來越多獄警處理稅務問題，甚至孩子的升學問題也來向他請教。同時安迪也逐步成為蕭山克典獄長沃登洗黑錢的重要工具。

由於安迪不停地寫信給州長，終於為監獄申請到了一小筆用於建設監獄圖書館的經費，這樣大家都可以靠讀書來打發時間。監獄生活非常平淡，總要自己找一些事情來做。安迪聽說瑞德原來很喜歡吹口琴，就買了一把送給他。夜深人靜之後，可以聽到悠揚而輕微的口琴聲迴盪在監獄裡。

監獄的生活就這樣每日重複地進行著。這一天，一個年輕犯人的到來打破了安迪平靜的獄中生活。這個犯人無意中提起，他以前在另一所監獄服刑時聽到過安迪的案子，並且知道誰是真正的凶手！

PART2　人生必要的喪失

　　當重新喚起希望的安迪向監獄長提出要求重新審理此案時，卻遭到了斷然拒絕，並因此受到了單獨禁閉2個月的嚴重懲罰。陰險的典獄長為了防止安迪獲釋暴露自己的罪行，不惜設計害死了知情人！

　　面對殘酷的現實，安迪變得更加謹慎起來。有一天，他對瑞德說：「如果有一天，你可以獲得假釋，一定要到某個地方替我完成一個心願。那是我第一次和妻子約會的地方，把那裡一棵大橡樹下的一個盒子挖出來。到時候你就知道是什麼了。」當天夜裡，風雨交加、雷聲大作，安迪越獄成功。

　　原來20年來，安迪每天都在用那把小槌子挖洞，然後用不被人懷疑的海報將洞口遮住。安迪成功越獄後，領走了部分典獄長存的黑錢，並告發了典獄長貪污受賄的真相。

　　失望到底的典獄長在自己放置小帳本的保險櫃裡發現了安迪留下的一本聖經，裡面挖空的部分放著一把幾乎磨成圓頭的小槌子。此刻，他的辦公室外面響起了前來抓捕他的警車聲，大勢已去的典獄長絕望地舉槍自殺了。

　　瑞德也獲釋了，按照安迪的吩咐，他在橡樹下找到了那個盒子，裡面裝有給他備好的旅費和一句簡短的鼓勵他的話。

　　獲得新生的兩個老朋友終於在陽光明媚的墨西哥海濱重逢了，充滿希望的新生活開始了。

　　安迪的故事，對我們不無啟發，無論我們身處何種境遇，哪怕是處在水深火熱之中，只要我們有勇氣去面對和改變事實，只要希望不滅、精神不倒，就一定能夠一步一步扭轉不利的局面。被人誣陷也好、遭人洗劫也罷，要認定這一切都是暫時的，透過努力都是能夠改變的。安迪就是這樣取得成功的。

你只要有一顆不甘於現狀的心，有一個為之而不斷努力的目標，就不會被困在暫時失敗的局面裡，就能扭轉不利的局面。不畏艱難、努力不懈，那麼，最終的勝利總是屬於你的。

人生便利貼：實現目標的 8 個步驟

- **列出目標**：把你明年及今後 5 年想要從生活中獲取的東西寫下來，不管它們看上去有多麼的不現實，要包括你的夢想及目標。按工作、家庭生活及休閒時間等專案分別列出三個不同的清單。

- **寫出行動計畫**：勾勒出實現每一目標的步驟圖。因此，要寫一篇短篇小說，其行動計畫就可擬定如下：
  - 選修一門課程、購買設備
  - 營造創作空間
  - 留出固定的時間

- **重新考慮**：檢查列出的目標，看看有無禁忌或無法實現的。千萬別計畫用業餘時間來攻讀學位或花大量的時間待在家裡。目標可以定在獲取你所在地區的運動冠軍，但千萬別計畫去拿奧運冠軍。

- **確認可能遇到的障礙**：判斷什麼會妨礙你的工作，尋求解決的方法。例如，你若覺得人們會有太多的事占用你的時間，你可以採取在日曆上留出具體的時間，來專門處理家務及工作的方法加以解決。

- **把列出的目標排列成序**：看看列出的清單，哪些分別是三個類別中最重要的目標，按照其重要程度排列成序，隨後，確定所有目標中哪個目標的實現對你最為重要。

- ■ **獎勵自己**：獎勵可以增加你的動力。考慮一下自己確實想要的東西，承諾一旦實現了艱難的目標就以此來獎勵自己。

  「我若在耶誕節完成了這部小說，就給自己買些新的軟體。」

- ■ **內容要具體**：改寫目標，把它們寫得更具體、可量化，最好要有時間限制。

  把「我想寫本小說」改寫成「到 12 月底，我將寫完一篇 5,000 字的短篇小說。」

- ■ **設想最終的結果**：在心中清晰地想像出你最終達到目標的情景。

  「我會收到多本裝訂好的小說，我的朋友及家人便能讀到我寫的小說了。」

▍第十一章　人生必要的喪失

　　美國著名心理學家裘蒂・福斯特曾說：「我們以喪失開始人生。」

　　是的，我們被拋出溫暖的子宮，來到這個陌生的世界，我們失去了絕對安全的庇護，但從此開始了人生新的征程。在生活的漫長道路中，我們失去了很多所愛的人和事物，也得到了人生的感悟和收穫。

　　喪失，的確是一件痛苦的事情，但它並不可怕，它是我們為生活付出的沉重代價，但它也是我們成長和收穫的源泉。

　　猶如航行在大海上的船，雖然經過風暴的摧殘變得傷痕累累、喪失原先的完整樣貌，但風暴過後，它們修補了傷口，依然在廣闊無垠的大海上破浪前進，甚至比以前變得更加頑強、更加牢固。

　　英國勞合社（Lloyd's of London）曾從拍賣市場買下一艘船，這艘船在西元 1894 年下水，在大西洋上曾 138 次遭遇冰山、116 次觸礁、13 次起火、207 次被風暴扭斷桅杆，然而它從沒有沉沒過。勞合社基於它不可思

議的經歷及保險方面帶來的可觀收益，最後決定把它從荷蘭買回來捐給國家。現在這艘船就停泊在英國薩倫港的國家船舶博物館裡。

不過，使這艘船名揚天下的卻是一名來此觀光的律師。當時，他剛打輸了一場官司，委託人也於不久前自殺了。儘管這不是他第一次辯護失敗，也不是他遇到的第一例自殺事件，然而，每當遇到這樣的事情，他總有一種深深的罪惡感。他不知該如何安慰這些在生意場上遭受不幸之人。

當他在薩倫船舶博物館看到這艘船時，忽然有了一種想法，為什麼不讓他們來參觀參觀這艘船呢？於是，他就把這艘船的歷史抄下來，和這艘船的照片一起掛在了他的律師事務所裡，每當商界的委託人請他辯護，無論輸贏，他都建議他們去看看這艘船。它使我們知道：在大海上航行的船沒有一個是不帶傷的。

所以我們應該認清一個道理，人生是一個不斷爭取、不斷喪失的過程。我們長大了，世界就不再視我們為孩子。我們長大，就會面對生離死別，失去父母、失去戀人，直到最後失去自己。與失去親人相比，失去金錢或一次失敗，實在是再平常不過的事了。我們不知是否有更壞的未來，我們只能相信，這一切乃是必要的。

據說，孕婦在流產之後會感覺到孩子仍然活著，有些人失去手臂還會感覺到它在癢。但如果心靈執著於此，我們就會進入一種意志消沉的境地，因而失去生命的一切活力。

對於得失，我們的態度要坦然。所謂坦然，就是生活所賜予你的要好好珍惜；不屬於你的，就不要自尋煩惱。得而可喜，喜而不狂；失而不憂，憂而不慮。該得則得，當捨則捨，才能坦然地面對得與失，才能找到生活的意義。

人生便利貼：迅速擺脫灰色心理

- **為自己制定簡單的任務**：即使自己覺得沒有興趣和缺乏動機，每天也要完成一些簡單的任務，如打個電話或者是寫封信。雖然你可能覺得這樣做很難，但是請把它看作是良好感覺的一個開端。

- **把自己的活動寫到日記中**：每一天結束後，把自己一天所做的事情記錄下來。按照這些活動帶給你的快樂程度把它們排列出來，並且計劃做更多自己喜歡的事情。

- **克服負面思想**：把自己的負面思想記下來，如「我是個失敗者」或者是「沒有人喜歡我」。意識到這些反常思想，並理智地克服它們。一旦這些思想暴露出來，這些想法便會顯得很荒謬和不可理喻。

- **與他人交談**：信任自己的密友和家人，把自己的感受告訴他們。保持溝通。

- **進行更多的運動**：多做一些身體方面的鍛鍊，即使是散步或是游泳之類都可以。在鍛鍊的過程中，體內會產生自然的抗憂鬱激素。養花、種草和閱讀一類的活動也有助於分散你的負面思想。

- **檢驗自己的目標**：不要去想自己的生活應該往哪個方向走。應該考慮你是否在做自己真正想做或者是傾向於去做的事情。

第十二章　讓一切順其自然

　　人的情感總是希望有所得，以為擁有的東西越多，自己就會越快樂。這樣的人之常情迫使人們沿著追尋獲得的路走下去。有一天會忽然警覺：憂鬱、無聊、困惑、無奈，一切不快樂的東西都和自己的要求有關。人不

快樂，就是因為渴望擁有的東西太多，或者對某個事物太執著。一旦得不到自己想要的東西，或者失去了自己珍愛的事物，就會心情沮喪，悶悶不樂。

生活中，我們時刻都在經歷著取捨得失。「逝者如斯夫」，失去本是一件極其平常的事情，順其自然地面對人生的取捨得失，也算是人生的一種練達和超越！

世界建築大師華特・葛羅培斯（Walter Gropius）的迪士尼樂園馬上就要對外開放了，然而各景點之間的路該怎樣連接還沒有具體方案，華特・葛羅培斯心裡十分焦躁。巴黎的慶典一結束，他就讓司機開車帶他去地中海海濱。

汽車在法國南部的鄉間公路上奔馳，這裡漫山遍野都是當地農民的葡萄園。當他們的車子拐入一個小山谷時，他們發現那裡停著許多車子。原來這是一個無人看管的葡萄園，你只要在路邊的箱子裡投入 8 法郎就可以摘一籃葡萄帶走。據說這是當地一位老太太的葡萄園，她因無力管理而想出這個辦法。這樣一來在這綿延上百英里的葡萄園裡，總是她的葡萄最先賣完。這種給人自由、任其選擇的做法使大師深受啟發。

回到住地，他給施工部拍了份電報：撒上草種，提前開放。

在迪士尼樂園提前開放的半年裡，草地被踩出許多小道，這些踩出的小道有寬有窄，優雅自然。第二年，華特・葛羅培斯讓人照著這些踩出的痕跡鋪設了人行道。

西元 1971 年在倫敦國際園林建築藝術研討會上，迪士尼樂園的路徑設計被評為世界最佳設計。

這就是順其自然的魔力。

在生活中，能夠順其自然的人，一定是豁達的、開朗的，我們也必須

讓自己豁達些，因為豁達才不至於鑽牛角尖，才能樂觀進取。我們還要讓自己開朗些，因為開朗才有可能把快樂帶給別人，讓生活中的氣氛顯得更加愉悅。

　　一個豁達、開朗的人不是因為他擁有得多，而是因為他計較得少。多是負擔，是另一種失去；少不是不足，而是另一種有餘；順其自然不是妥協和懦弱，而是一種智慧的進取和堅強。

人生便利貼：如何理解並做到順其自然

- **順其自然，就是養生要講究科學**：別人行之有效的經驗，如果你照著效仿，未必能如願以償達到養生的目的。比如，長壽者各具特色的養生之道，互相對立的做法更是屢見不鮮。他們有的好動、有的好靜；有的吃素；有的嗜葷；有的滴酒不沾、有的頓頓不離酒；有的隱居高山、有的長住於鬧市。這些都不能全面、科學地說明問題，千萬不能盲目地跟在別人後面學。應從自身實際出發，做到動靜結合、素葷搭配，保持心情愉快，遵循養生的自然之道。

- **順其自然，就要順應自然規律**：萬事萬物自然有序，節氣變化也有序。要養成平和的心境，避免大喜大悲和激烈的情緒波動。我國美術史研究權威王柏敏教授篤信「和氣致祥，乖氣致異」，養成了寵辱不驚的品德，他不僅控制住了 30 年前發生的高血壓，而且越來越健康。情緒是醫病的靈丹妙藥，也是保持健康的關鍵。因此，任何時間，都須牢記「順」字是十分重要的。

- **順其自然，更要看透自然**：只有真正地看透了自然，才能使自己的一言一行不造作、不呆板，自自然然，不做違背客觀規律的

事。《元氣論》說：「嗜欲之性無窮也，以有極之生命，逐無極之欲，亦自斃之甚也。」因此，在任何情況下，都要注意克制自己，做到「欲不可縱，老不可滿，樂不可極」。

■ **順其自然，還要特別注意每個人的差異，做到具體情況具體分析**：人體的情況各不相同，差異性很大。這就是說，對別人很有效的做法，你拿來卻未必行得通。如果你不加分析地照著做，迷戀於某種養生之道，你很有可能會步入養生的誤區。正確的態度是具體分析、辨證對待，結合實際，走自己的路。

第十三章　退一步海闊天空

當別人對你的不足提出批評甚至指責時；當你和親友為某件小事糾纏不休時；當你身心疲憊卻屢屢有人造訪時；當你和他人因為利益而發生了爭執時，你一定要學會克制自己的憤怒，讓你的大腦「冷卻」下來，讓你胸中的「波濤駭浪」平靜下來，把你憤慨的言語壓下來，把你要伸出的拳頭收回來……。

有一個政黨的領袖，正在指導一位準備參加參議員競選的候選人如何去獲得多數人的選票。

這位領袖和候選人約定：「如果你違反我教給你的規則，你得罰款10元。」

「行，沒問題，什麼時候開始？」

「就現在，馬上就開始。」

「好，我教給你的第一條規則是：無論人家怎樣損你、罵你、指責你、批評你，你都不許發怒，無論人家說你什麼壞話，你都得忍受。」

PART2 人生必要的喪失

「這個容易，人家批評我，說我壞話，正好給我敲個警鐘，我不會記在心上。」

「好的，我希望你記住這個戒律，這是我教給你規則的當中最重要的一條。不過，像你這種呆頭呆腦的人，不知道什麼時候才能記住。」

「什麼！你居然說我……」那候選人氣急敗壞道。

「拿來，10塊錢！」

「呀，我剛才破壞了你的戒律了嗎？」

「當然，這條規則最重要，其餘的規則也差不多。」

「你這個騙──」

「對不起，又是10塊錢。」領袖雙手一攤道。

「賺這20塊錢也太方便了。」

「就是啊，你趕快拿出來，你自己答應的，你如果不給我，我就讓你臭名遠揚。」

「你這只狡猾的狐狸！」

「10塊錢，對不起，拿來。」

「呀，又是一次，好了我以後不再發脾氣了！」

「算了吧，我並不是真要你的錢，你出身貧寒，你父親的聲譽也壞透了！」

「你這個討厭的惡棍。」

「看到了吧，又是10塊錢，這回可不讓你抵賴了。」這一次，那候選人心服口服了，那位領袖鄭重地對他說：「現在你總該知道了吧，克制自己的憤怒並不容易，你要隨時留心、時時在意，10塊錢是小事，但要是你每發一次脾氣就丟掉一張選票，那損失可就大了。」

那個候選人心服口服地點了點頭。

　　正如法蘭西斯・培根（Francis Bacon）所說：「憤怒，就像地雷，碰到任何東西都一同毀滅。「如果你不注意培養自己忍耐、心平氣和的性情，一旦碰到「導火線」就暴跳如雷、情緒失控，就會把你最好的人緣全部炸掉。

　　「如果你握緊兩個拳頭來找我，」威爾遜（Woodrow Wilson）說：「我想我能應付你。我的拳頭會握得像你的拳頭一樣緊。但如果你到我這裡來說：『讓我們坐下一起商議，如果我們意見不同，我們要了解為什麼彼此意見不同，爭執之點是什麼』，我們不久就可看出，我們的分歧並不是相距很遠，我們不同意的地方很少，同意的地方很多，只要我們有接近的忍耐、誠意及欲望，我們就可以接近。」

▌人生便利貼：學會應對自己的憤怒

- **承認憤怒**：把自己的情感公開地表達出來。試著這樣說：「我感到憤怒是因為……」。

- **提前預知憤怒**：把自己在什麼情況下爆發憤怒記錄在日記中。記錄下時間、地點以及刺激物是什麼。確認可能導致憤怒爆發的因素。

- **實施一套保持冷靜的方式**：建立一套自己能在感覺到憤怒之際使用的方式。往後退、抓住某種東西、放鬆緊張情緒、在說話前先深呼吸等等。

- **挑戰呆板的思想**：如果你自己的思想是憤怒的根源，對它們發出挑戰。思想越呆板就越有可能出現勃然大怒。檢查一下自己的「必須」「應該」以及「糟透了」的思想。

- **重新構想**：換個角度來看問題，並多次重複演練許久的自我聲明。在你感到受挫時，有意識地把這些聲明移植進自己的思想中。

▌第十四章　改變，從失去開始

當你接到解聘通知單，你的第一反應或許是懷疑，然後是憤怒，接著你可能就會感到迷惘、失落，甚至恐慌。你會想到失去工作所帶來的一系列嚴重後果：25 歲的你或許會想到自己會因此而延緩結婚的時間，甚至失去未婚妻的青睞；35 歲的你則要為住房貸款、孩子的教育資金發愁了；45 歲的你已經不再像年輕人一樣具有一切重新開始的豪氣和條件了，同時父母的贍養、子女的教育又需要一大筆的資金，你感到了痛苦和無助；55 歲的你或許不再有那麼多的負擔，賦閒在家其實也不錯，可是正在走向衰老的你是不是會因此顯得更加的沮喪和落寞呢？

失去工作以後，你是否想過：你現在的失敗或許是因為自己並不適合這份職業？如果真是這樣，你應該認真地考慮究竟何種工作更能發揮出自己的長處，更有利於自己的發展。

楊振寧青年時期喜愛物理，想成為一個實驗物理學家。西元 1943 年他赴美國留學時，就立志要寫一篇實驗物理論文。於是費米（Enrico Fermi）建議楊振寧先跟愛德華・泰勒（Edward Teller）做些理論研究，實驗則可以到艾裡遜的實驗室去做。

然而，在實驗室工作的近 20 個月中，楊振寧的物理實驗進行得非常不順利，做實驗時常常發生爆炸，以至於當時實驗室裡流傳著這樣一句笑話：哪裡有爆炸，哪裡就有楊振寧。此時，楊振寧不得不痛苦地承認，自己的動手能力比別人差！

一天，一直在關注著楊振寧、被譽為美國氫彈之父的泰勒博士關切地問楊振寧：「你做的實驗是不是不太成功？」

「是的。」面對令人尊敬的前輩，楊振寧誠懇地說。

「我認為你不必堅持一定要寫一篇實驗論文，你已經寫了一篇理論論文，我建議你把它充實一下作為博士論文，我可以做你的導師。」泰勒直率地對楊振寧說。

楊振寧聽了泰勒的話，心情十分複雜。一方面，他從心底深處感到自己做實驗確實力不從心；另一方面，他又不甘服輸，非常希望透過寫一篇實驗論文來彌補自己的實驗能力。

他十分感謝泰勒的關懷，但要他下定決心打消自己的念頭實在不是一件容易的事。「我想考慮一下。兩天後再告訴您。」楊振寧懇切地說。

楊振寧認真思考了兩天。他想起在廈門上小學時的一件事：有一次上手工課，楊振寧興致勃勃地捏了一隻雞，拿回家給爸爸媽媽看，爸媽看了笑著說：「很好，很好，是一段藕吧？」往事一件接一件地在他的腦海浮現，他不得不承認，自己的動手能力實在不強。

最終，楊振寧接受了泰勒的建議，放棄寫實驗論文。從此，他毅然把主攻方向轉至理論物理研究，最終於西元 1957 年 10 月與李政道聯手奪下了諾貝爾物理學獎。

改變有時候是十分困難的，甚至是十分痛苦的。適時地改變，不僅需要勇氣和膽識，更需要遠見和智慧。

對於每個人來說，都有各自的強項和弱項。人生中的有些失敗，或許並不是因為我們努力不夠，而只是因為走的那條路並不適合自己。所以，當我們失去一份工作的時候，要學會捨棄和轉彎，並及時校正自己的方向，最適合你發展的路徑，或許就是你的下一份工作。

人生便利貼：失業了怎麼辦

- 把尋找工作當成自己的職業：同自己雇傭自己有相似之處，因為整天的時間由自己支配，無人對你發號施令。將這種處境看成是對自己的一種挑戰，把它看成是動盪不安的人生旅程中一項全新的工作。

- 計畫好你的時間：接受這樣的現實，即你將失業至少兩個月。計畫好你將如何利用這段時間。這種策略減少了某些變化無常的因素。每天、每週都要制定計劃，列出每天要做的一切，甚至是到圖書館看報紙這樣簡單的事情。

- 保持積極狀態和樂觀情緒
  - 把這段時間當成是一次學習新技能的機會，報名參加一門課程的學習或去上夜間部。
  - 參加如散步、旅遊或跑步等體育鍛鍊來保持身體的健壯。
  - 保養好自己的容顏，如果你看上去端莊秀麗，你就會感到更加自信。
  - 參觀名勝古蹟。
  - 善待自己，尤其是在情緒低落之時，去散散步，給自己買點小禮物，即使那只是一本你喜愛的雜誌。

- 要看到光明的一面

　　記住這短暫的危機或許就是一次自我發掘、尋求新的發展方向的時機。

PART3
諒解是通向神殿的門檻

　　原諒是美麗的，而且比復仇情緒更美更有效。這是愛的開始，是聖潔的、無私的愛的開始。嘗試如此去愛的人、在這種愛裡完善自己的人，最終會意識到，在至福樂土（Elysian Fields）的境界裡，傲慢、虛榮、恨和仇恨都會被永遠驅除，善意與和平是永恆無限的。

　　在這種寧靜的、沉默的至福樂土裡，甚至連諒解也消失了。為什麼不再需要諒解？因為達到這種境界的人看不到令人恨的惡，看到的只是無知和一時的迷惑，這時需要的是同情。

　　在完美的境界裡，一切欠缺的境地都得到了圓滿。諒解是通向至潔之愛這座無瑕神殿的門檻。

第一章　以寬宏之心化解絕望

寬容是一種高尚的品德，也是我們成長過程中必須經受的心理歷練。它可以讓你拋開人事的怨恨、擺脫無法復仇的絕望，使心靈安靜下來，在靜如止水中感覺到什麼是真正的超然物外。

西元 1972 年夏天，越戰已經打了很多年了，戰火蔓延至西貢西北方 65 公里的一號公路。北越軍隊在村子的東北方掘壕布陣威脅村子南面的南越軍隊，只有百餘人口的簩盤村則陷在兩軍對峙之間。很多村民已逃離，但 6 月 8 日早晨仍有 30 人躲藏在村裡的佛廟中，9 歲的潘氏金福（Phan Thi Kim Phuc）就是其中之一。

忽然之間，潘氏金福瞧見外面升起陣陣黃煙。有個南越士兵也躲在廟裡，認出那是目標引導信號，大聲吼道：「他們要炸這裡了，大家趕快逃！」

潘氏金福在奔逃的兒童群中回頭瞧，見到 4 顆炸彈一個接一個地掉下來。瞬息之間，她被灼人的濃煙烈火吞噬了。大火很快燒光了她的衣服，皮膚也被燒得一塊一塊往下掉。潘氏金福赤裸著往村外跑，嘴裡喊叫：「救命！救命！」

潘氏金福張開雙臂從濃煙中跑出來的時候，美聯社攝影記者涅克‧烏特給她拍了照片。在場的新聞記者見狀，都嚇壞了，急忙拿水壺倒水澆在金芙身上。金芙昏厥倒地，大家急速送她到附近的醫院去。當時人人都以為她死定了。

轟炸後第三天，美國陸軍上尉約翰‧普隆默（John Plummer）拿起一份報紙，看到頭版上跨欄刊出的潘氏金福照片，接著他看到圖片說明：「炸彈下倖存的兒童在一號公路上逃命。」他心裡立刻翻騰起來，因為他知道那個任務是他下的令。

雖然普隆默外表剛強，但其實天性多愁善感，看到消息後他心裡愧疚不已。後來，普隆默調回了美國本土擔任直升機飛行教官。雖然幾年的時間已經過去，但那次空襲的場景總是會在惡夢中一次次重見。為了消減自己的罪惡感，普隆默開始酗酒。他絕望地想：沒有人會了解他的痛苦。

後來，烏特拍的那幅照片獲得了普立茲新聞獎，似乎到處可見。西元1977年普隆默在報紙上又見到那幅照片，他的罪惡感立刻重新浮現。他酗酒加劇，這導致他西元1979年再度離婚。

酗酒是個惡性循環：他為了忘卻那次轟炸而酗酒。可是飲酒使他更為夢魘所苦。他沮喪絕望，去參加越戰退伍軍人集體心理治療的交談會，但始終沒有勇氣說出自己在盞盤轟炸中幹了什麼事。普隆默心裡知道：「天下只有一個人可以卸下這個重擔，而她已死在越南。」

西元1996年6月普隆默透過電視看見了潘氏金福，這讓他大吃一驚。潘氏金福沒有死，此時已經是33歲的婦人了，她和丈夫住在多倫多，還有個兒子。原來潘氏金福被救活了，她在西貢醫院住了14個月，此間共接受了17次皮膚移植手術。這住院的經歷，引發了她學醫濟世的大志。她非常用功，成績優異，最後也因此遭遇成了名人。

西元1996年11月11日美國退伍軍人節，潘氏金福在越戰退伍軍人紀念廣場對兩千多人演說。普隆默獲悉潘氏金福今天會到此地演講，決定前來請求她的寬恕，在前一個晚上他也向朋友說出了全盤經過。

此時的潘氏金福在麥克風前，以溫和堅定的聲音說道：「我只是為了出點力幫助制止世界上的戰爭和殘殺，才記著一個戰爭的悲劇。」人群中鴉雀無聲，金芙繼續說，「如果我能當面和投擲炸彈的那個人說話，我會告訴他，歷史無法改變，但是我們應該為未來做些好事。」很多人聽了之後都放聲哭了起來。

PART3　諒解是通向神殿的門檻

　　普隆默也熱淚盈眶，他寫了張便條，寫著：「親愛的潘氏金福，我就是那個人，希望能和你見一面。」他找到一名警員，悄悄吩咐將這字條交給她。但新聞記者一擁向前，潘氏金福在護衛群中匆匆離去了。普隆默跳過圍繩，跟著潘氏金福身邊的人群。潘氏金福的護衛聽說普隆默就在後面，便問潘氏金福是否願意見他。她點了點頭。

　　在一棵大樹下，潘氏金福轉身面對當年下令空襲盞盤的人。普隆默眼中積聚著 24 年的痛苦和悔恨。他凝望著潘氏金福，看見那個在公路上奔跑的小姑娘，張著嘴發出聽不到的呼喊。他心裡在呼喊：「求求你，請你寬恕我。」但他們四目相望時，他只能說出：「我抱歉。我十分抱歉。我不是故意傷害你的。」

　　潘氏金福立刻淚盈兩眼，伸出雙臂去擁抱普隆默，平靜地對他說：「沒事了，沒事。我寬恕你。我原諒你。」

　　普隆默聽到這幾個字 —— 那是他長久以來一直想聽到的話。他感到背負著的大石終於卸下了。他流著淚說：「我當時還查問過是不是有平民在村裡。」但金芙卻抱住他，不要他再講下去。她說：「沒事了，沒事。」兩個戰爭受害者互相安慰。

　　普隆默的惡夢終於結束了。

　　這個真實的故事真正體現出了這樣一個道理：寬容能夠化解雙方的絕望。寬宏大量的人不僅能讓自己擺脫仇恨和煩惱的侵蝕，還能給別人一個新生的機會，走出自責與愧疚的陰影。

　　所以，讓我們寬容些吧，面對別人的傷害，不要在痛苦中感到絕望，不要讓自己的心靈乾涸、枯萎。

人生便利貼：如何做到發自內心寬恕他人

若要有一個新的開始，一定要先釋放過去。

先想出一位自己期待最多也最大的人，你常常希望對方多關心自己一點，或多幫忙一些，或多給自己一些欣賞與支持。不論這些期待在世上顯得多麼天經地義，但它仍是在要求別人的付出，來滿足自己的需求，結果雙方都陷入痛苦中。

現在，具體地想出這個人的模樣，然後慢慢地向他說：「你跟我一樣都有自己的路要走，有自己的功課要修，我願把你當成自己，重新交付給上天的智慧指引。」

（安靜一兩分鐘，感覺一下自己心裡的反應。）

然後繼續向他說：「我知道你終會找到你自己的路，完成你的人生課程，只要我不利用你來囚禁我自己。」

（安靜一兩分鐘，體會一下自己是如何要求對方來解決自己的問題的。）

然後再向他說：「為了我的自由，我決心釋放你，因為我已認清了，除非你獲得自由，我才能跟你一起享有自由。」

（安靜一分鐘，接受並寬恕自己心裡的抗拒）

雖然我目前還做不到，但只要我肯打開自己的內心，接受更高智慧的協助，這心願終將帶領我們走出這一困境的。

（安靜兩三分鐘，注意一下他的臉部表情，聆聽一下他可能想要對你說的話。）

然後觀想對方，以及上天或菩薩，甚至你自己，都微笑地看著你，感謝你的「選擇」。

最後，可以默念一下這一段章句。

「你跟我一樣都有自己的路要走，有自己的功課要修，我願把你當成自己，重新交托給上天的智慧指引。

我知道你終會找到你自己的路，完成你的人生課程，只要我不利用你來囚禁我自己。

為了我的自由，我決心釋放你，因為我已認清了，除非你獲得自由，我才能跟你一起享有自由。」

▌第二章　寬容是最優雅的一種風度

南非的民族鬥士曼德拉（Nelson Mandela），因為領導反對種族隔離政策而入獄，白人統治者把他關在荒涼的羅本島上 27 年。儘管曼德拉當時年事已高，但是白人統治者依然像對待年輕犯人一樣對他進行殘酷的虐待。

曼德拉被關在總集中營一個「鋅皮房」裡，白天將採石場採的大石塊碎成石料，有時從冰冷的海水裡撈取海帶，還做採石灰的工作。因為曼德拉是要犯，專門看守他的人有 3 個。他們對他並不友好，總是尋找各種理由虐待他。

但是，當西元 1991 年曼德拉出獄當選總統時，他在總統就職典禮上的一個舉動震驚了整個世界。

總統就職儀式開始了，曼德拉起身致辭歡迎他的來賓。他先介紹了來自世界各國的政要，然後他說，雖然他深感榮幸能接待這麼多尊貴的客人，但他最高興的是：當初被關在羅本島監獄時看守他的 3 名獄方人員也能到場。他邀請他們站起身，以便他把他們介紹給大家。

曼德拉寬廣的胸襟和寬容的精神，讓南非那些殘酷虐待了他 27 年的

白人無地自容，也讓所有到場的人肅然起敬。看著年邁的曼德拉緩緩站起身來，恭敬地向 3 個曾看守他的獄方人員致敬，在場的所有來賓以至整個世界，都靜下來了。

後來，曼德拉向朋友們解釋說，自己年輕時性子很急、脾氣暴躁，正是在獄中學會了控制情緒才活了下來。他的牢獄歲月給了他充裕的時間與巨大的激勵，使他學會了如何處理自己遭遇苦難時的痛苦感受。他說，感恩與寬容經常是源自痛苦與磨難的，必須以極大的毅力來訓練。

他說起獲釋出獄當天的心情：「當我走出囚室、邁向通往自由的大門時，我已經清楚，自己若不能把悲痛與怨恨留在身後，那麼我其實仍在獄中。」

西元 1754 年，身為上校的華盛頓率領部下駐防亞歷山大市。當時正值維吉尼亞州議會選舉議員，有一個名叫威廉・佩恩的人反對華盛頓所支持的候選人。

據說，華盛頓與佩恩就選舉問題展開了激烈的爭論，說了一些冒犯佩恩的話。佩恩火冒三丈一拳將華盛頓打倒在地。當華盛頓的部下跑上來要教訓佩恩時，華盛頓急忙阻止了他們，並勸說他們返回營地。

第二天一早，華盛頓就托人帶給佩恩一張便條，約他到一家小酒館見面。

佩恩料想必有一場決鬥，做好準備後趕到酒館。令他驚訝的是，等候他的不是手槍，而是美酒。

華盛頓站起身來，伸出手迎接他。華盛頓說：「佩恩先生，人非聖賢，誰能無過。昨天確實是我不對，我不可以那樣說，不過你已然採取行動挽回了面子。如果你認為到此可以解決的話，請握住我的手，讓我們交個朋友。」

從此以後，佩恩成為了華盛頓的一個狂熱崇拜者。

「人非聖賢，孰能無過？」當我們有對不起別人的地方時，多麼渴望能得到對方的諒解啊！又多麼希望對方把這一段不愉快的往事忘記啊！那麼，將心比心，我們為什麼不能用寬厚的態度去對待他人呢？

有位智者曾說：「幾分容忍，幾分度量，終能化干戈為玉帛。」

邱吉爾的智慧確實令人驚嘆，然而更令人敬佩的卻是他那寬以待人的風度。他用智慧寬恕了別人，也為自己創造了一個融洽的人際環境。如果他不採取這種方式，而是針鋒相對，又會怎樣呢？結果可想而知。

寬容是一種風度。當然，寬恕傷害自己的人不是一件容易做到的事，要把怨氣甚至仇恨從心裡驅趕出去，的確是需要極大的勇氣和胸襟。就像一本書上說的，一個人的心如同一個容器，當愛越來越多的時候，仇恨就會被擠出去，人不需要一味地、刻意地去消除仇恨，而是不斷用愛來充滿內心、用關懷來滋潤胸襟，仇恨自然沒有容身之處。

▍人生便利貼：如何化解與陌生人的言語衝突

- **機鋒暗藏，以柔克剛**：與陌生人發生衝突時的情況大都比較複雜，往往是在公共場合下發生的。一旦發生，無論誰是誰非，若盲目地與之針鋒相對，容易加劇矛盾、使衝突升級。這時，「機鋒暗藏，以柔克剛」不失為一個好的方法。

- **立場對換，以退為進**：當一個人在公共場所遭到陌生人的冤枉指責時，如果反唇相譏，一定會引起爭吵，把事情弄糟。此時最好不要從正面做出反應，而要想方設法讓對方切身體會一下自己被冤枉的心情，對方更容易認識到自己的錯誤、從心底服輸，從而達到「以退為進」的目的。

- **談吐幽默，以謔作巧**：這裡的「謔」是指說話幽默，開善意的玩笑。事實上，許多矛盾的發生是毫無道理的，只是由於對方缺乏教養、過於糾纏才引起的。當碰上了這種矛盾時，若能夠見機行事，巧用「幽默」話語，也能達到意想不到的化解作用。
- **不溫不火，以逸待勞**：有時候，一些人欠缺文明意識、沒有修養，因而在公共場所對待別人時既輕浮又蠻橫，跟這類人發生了衝突，講道理不但講不通，還容易使衝突升級。這時你就不要招惹他，而要在適當的時候找一個與對方類似的做法，以子之矛，攻子之盾，讓對方有口難言，這樣就做到了「以逸待勞」。

第三章　諒解是通向神殿的門檻

受過傷害的記憶是精神上的黑暗，對痛恨的滋養是精神上的自殺。領悟原諒的精神和付諸實踐是啟蒙的開端，也是平和與幸福的開始。自認為受到蔑視、傷害、冤屈的人是永無寧靜的；自認未得到公正對待，構想如何讓敵人遭受最大不快的人是不能得到精神上的安息的。

幸福怎會駐足被惡意侵擾的心？鳥兒難道會在火勢蔓延的樹林中搭巢唱歌？幸福也不會在燃著憤恨念頭的胸中逗留，智慧不會與荒唐同處。

沉思一下世界的紛爭吧：個人與集體、鄰居民族是生活在怎樣不絕的冤冤相報中的。請看清心裡的痛、苦澀的淚、爭吵和誤解——甚至還有流血與爭鬥的悲傷——有了這樣的意識，就不會向憤恨這種不光彩的思想屈服，就不會再對他人的行為動怒，就不會再生活在對他人的不諒解裡。

放棄進而徹底根除虛榮和傲慢，是一項巨大的任務，但卻是一項幸福的任務，它可以在恆久的對無恨的嘗試中完成，可以在沉思個人思想行為

PART3　諒解是通向神殿的門檻

並理解淨化它們的過程裡完成。只要克服傲慢與虛榮，原諒精神就會完美地自成一體。

下面這個關於德格虞王子的美麗故事，是古印度的一位老師向弟子們講述的，他想告訴他們崇高的真理所在，即：怨怨相報無了時，恨終於無恨。

故事是這樣的：布拉瑪達特是貝納勒斯強而有力的國王，他向庫薩拉的國王德格提發動戰爭以吞併比貝納勒斯弱小的庫薩拉。德格提預見自己無力禦敵便棄國逃跑。很長時間裡，他喬裝流浪，最後與王后在一個工匠的茅屋裡住下來；王后產下一子，取名為德格虞。

這時，布拉瑪達特渴望找到德格提的匿身之所，以處死這位失國之君，因為布拉瑪達特想：「我侵奪了他的王國，如果我今天不殺掉他，他肯定有一天會殺掉我的。」

許多年過去了，德格提潛心教育自己的兒子，他的兒子透過勤奮學習變得學識廣博，靈巧智慧。

德格提怕布拉瑪達特發現他並殺死他們三個，就把王子送走了。不久之後，流亡的國王與王后落在布拉瑪達特手中一起被處死了。

這時布拉瑪達特心想：「我已經除掉了德格提和他的王后，可是他的兒子，德格虞王子還活著，他一定會想方設法謀殺我的。可是誰都不知道他，我沒有辦法找到他。」於是國王整天忐忑不安，精神極度痛苦。

父母被殺不久，德格虞化名到國王馬廄謀生計，他被大象飼養師雇用了。

德格虞很快就得到大家的喜歡，他出眾的才能終於引起了國王的注意，國王吩咐人把年輕人帶到面前，國王非常喜歡他並把他安置在自己的城堡裡，年輕人勤奮能幹，不久後，國王就給他一個僅次於自己的親信職位。

有一天國王遠行狩獵沒帶隨從，只有德格虞一個人留在身邊。國王累了就枕著德格虞的腿睡著了。

這時德格虞想：「國王讓我蒙受如此沉重的冤屈。他奪走了我父親的王國，還殺了我的雙親。」

他拔出劍想殺死布拉瑪達特。但是想起父親教育自己永遠不應該尋仇，而應該最大限度地諒解，於是他又把劍收了回去。

最後，國王從不安的睡夢中醒來，年輕人問他為何如此恐懼。「我睡眠總是不安寧」，國王說，「因為我經常夢到落在德格虞的手裡，他是唯一要殺我的人。我躺在這裡又夢到這場景了，而且比從前任何時候都更生動。真是讓我恐懼。」

然後，年輕人拔出劍說：「我就是德格虞王子，您落在我的手裡．復仇的時間到了。」

這時國王跪下來哀求德格虞饒他一命。德格虞說：「國王陛下。應該是您饒我一命。因為多少年來，您一直派人追殺我，現在您找到我了，我懇求您饒我一命。」

此時此地，布拉瑪達特和德格虞互相饒過一命，握手起誓永不傷害對方。國王被德格虞高尚的諒解精神征服，把女兒許配給他並把他父親的王國歸還給了他。

就這樣，恨被無恨和原諒精神化解了。原諒是美麗的，而且比復仇情緒更美更有效。這是愛的開始，是聖潔的、無私的愛的開始。嘗試如此去愛的人，在這種愛裡完善自己的人，最終會意識到，在至福樂土的境界裡，傲慢、虛榮、恨和仇恨都會被永遠驅除，善意與和平是永恆無限的。

在這種寧靜的、沉默的至福樂土裡，甚至連諒解也消失了，因為不再需要諒解，因為達到這種境界的人看不到令人恨的惡，看到的只是無知和

一時的迷惑，這時需要的是同情。

　　只有存在痛恨、復仇、動怒的傾向時才需要原諒的精神。對所有人平等的愛是完美的法則。在完美的境界裡一切欠缺的境地都得到了圓滿。諒解是通向至潔之愛這座無瑕神殿的門檻。

人生便利貼：如何培養孩子的寬容心

- **父母為孩子樹立榜樣**：孩子的寬容之心最主要來源就是父母。孩子最初是從父母那裡學習待人接物的方式。父母寬容、大度、遇事不斤斤計較，與鄰里、同事之間融洽相處，孩子就會學著父母的樣子處理同學之間的關係，也會變得寬容、好善、樂於與人相處。

- **教孩子學會「換位思考」**：所謂換位思考，就是指當雙方產生矛盾時，能夠站在對方的角度上思考問題，思考對方為什麼會如此行事、如此說話。

  許多孩子只習慣於從自己的角度思考問題，而不習慣站在別人的角度上思考問題。要消除這種現象，辦法就是「換位思考」。

  站在父母的角度上考慮，就會理解父母的良苦用心；站在祖父母或外祖父母的角度上考慮，就會理解長輩的關愛和嘮叨；站在老師的角度上思考，就會理解老師的艱辛；站在同學的角度上思考，就會覺得大多數同學是可愛可親可交的。所以，教孩子學會換位思考是非常必要的。

- **教孩子學會理解他人，理解人人都有缺點**：「金無足赤，人無完人」，有缺點和不足乃是人性的必然。和同學相交、和朋友相處，完全沒有必要求全責備，完全可以求同存異，只要同學和朋

友的缺點不是品德方面的、不是反社會的。

對於朋友的缺點和不足、對於同學心情不好時所說的話和所做的事，我們沒有必要事事計較、事事都要求公平合理。多原諒一次人、多給人一次寬容和理解，同時也就為自己多找了一份好心境，也會使自己在個性完善的道路上又向前邁進了一步。

■ **讓孩子多與同伴交往**：寬容之心是在交往活動中培養起來的。孩子只有與人交往，才會發現每個人都有一些不一樣的缺點，都會犯或大或小的錯誤。而只有學會容忍別人的缺點和錯誤，才能與人正常交往、友好相處；也只有透過交往，孩子才能體會到寬容的意義、體驗寬容帶來的快樂。

■ **鼓勵孩子「納新」和處變**：寬容不僅體現在對「人」的態度上，也表現在對「物」和「事」的態度上。父母要引導孩子見識多種新鮮事物，讓孩子喜歡並樂意接受新鮮事物，承受事物所發生意想不到的變化，擅於知變和應變。如讓孩子了解各種奇觀奇蹟，觀察生活日新月異的變化，允許孩子獨闢蹊徑地解決問題。孩子一旦習慣於「納新」和「應變」，他對世間的萬事萬物也就具備了寬容之心。

第四章　寬恕別人就會使自己快樂

仇恨會讓人面目可憎。仇恨讓人眾叛親離，生活變得孤單寂寞。

一個心中充滿仇恨的人，只會把快樂永遠拒之門外。

1980 年代，美國建築大王凱迪的女兒和飛機大土克拉奇的兒子，在兩家父母的撮合下，彼此有了情分。但兩個人的來往並不順利，總是磕磕

絆絆的，時有爭吵發生。兩家人都是社會上的名流巨富，兒女們的這種關係，讓他們大傷腦筋。他們甚至擔心會不會發生意外。

誰也沒想到，令他們擔心的事還是發生了，凱迪的女兒竟然被克拉奇的兒子毒死了。

克拉奇的兒子小克拉奇因一級謀殺罪被關進大牢，兩家人的身心因此受到沉重的打擊。從此兩家人的生活變得暗無天日。克拉奇的兒子在事實面前拒不承認自己的罪行，這使凱迪一家非常氣憤。而克拉奇一家也在拚命為兒子奔走上訴。如此一來，兩家人便結下了深仇大恨。

一年以後，法院做出終審，小克拉奇投毒謀殺的罪名成立，被判終身監禁。克拉奇為了能讓兒子得到緩刑，也為了消除兒子的罪惡，不斷以重金補償凱迪一家，以便凱迪能不時地到獄中為兒子說情。克拉奇每一次的補償都是巧妙地出現在生意場上，這使得凱迪不得不被迫接受。

而凱迪每得到克拉奇家族的一筆補償，就像是接過一把刺向自己內心的刀，悲痛難言。凱迪埋怨自己，也埋怨女兒當初怎麼就看錯了人。而克拉奇全家更是年年月月天天生活在自責中，他們怨恨沒有教育好自己的兒子。

兩家人都是美國企業界中的輝煌人物，然而生活卻如此捉弄他們，讓他們不得安寧。一年又一年，兩家人的心情被巨大的陰影所籠罩，從來沒有真正地笑過。他們承認，這些年為此所付出的心理代價是用再多金錢也換不來的。

20 年過去了，一件偶然的事件使整件事都變了樣，一名被判投毒的罪犯一再上訴，不承認自己給人投毒。這時醫學已經有了很大的進展。經過多次化驗，發現死者原來是因為服用了一種罕見的藥物而中毒，與所謂的凶殺毫無關係。

這和 20 年前克拉奇兒子謀殺凱迪女兒的事件一模一樣，原來也是一個誤判。之後，克拉奇的兒子被釋放出獄。但是整整 20 年，凱迪與克拉奇兩家人，卻因為這件事，在心理上形成了彼此的仇恨，他們成了這個世界上受傷最大又最不幸的人。

事實證明，凱迪女兒的死，並不涉及情仇。事情引起了美國媒體的巨大轟動，面對報社的採訪，凱迪與克拉奇兩家都說了同樣的話：「20 年來，我們付不起的是我們已經付出的、又無法彌補的心態。」

人生漫漫，當事情過去，當經歷的無法挽回，人們便會發現，我們身在其中所受的苦、我們所飽嘗的種種滋味，正是我們曾經所付出的一種又一種心態。「我們付不起的是心態。」這是克拉奇與凱迪兩家人，在經過 20 年的體驗後所總結出來的一句至理名言。

人生在世，我們常常付不起的，正是生活中某樣事件對心態所形成的漫長主宰。是這種心態，改變甚至毀滅了許多人的生活。

一天，巨人海格力斯（Heracles）走在路上，有一個小東西蜷縮著躺在路邊，像是一隻刺蝟。

海格力斯用腳後跟踩它，想把它踩碎，可是，它在他眼前脹大起來了，足足大了一倍。海格力斯生氣了，他拿起一根結實的棍子，一棍又一棍地打那奇怪的東西。但打來打去，只不過使它的外貌變得更加可怕。它膨脹再膨脹，竟變成龐然大物，幾乎擋住了陽光，而且堵住了唯一的道路。

看到這一幕，巨人海格力斯驚惶失措，把他的棍子都丟了，怔怔地站在那裡。

這時，智慧女神雅典娜（Athena）出現在他的身邊。她說：「把這沒希望的事丟開吧，你無法征服這個可惡的東西。這怪物的名字叫仇恨袋，

裡面裝滿了仇恨。你對它不理不睬，它也許還不會長大，但如果你要把它打碎，那就很糟糕了。你越打它，它就膨脹得越可怕，它甚至能把天遮黑。」

仇恨之所以可怕，正在於此。

智慧女神告誡海格力斯的一番話，對於你是否也是一個很好的提醒呢？是的，我們還是把「仇恨」這個沒有希望的東西儘快丟開吧！不然它會遮蔽蔚藍的天空，讓我們自此生活在黑暗中。

仇恨有時會令人失去理智，現實生活中發生的悲劇許多是由仇恨引發的。

仇恨是一枚威力強大的定時炸彈，誰把它帶在身上、放在心上，到頭來難免自食其果。

仇恨能蒙蔽一個人的眼睛，使他只能看到生活中的黑暗與醜陋。含恨在心，等於同歸於盡，以致大家的心永遠也得不到安寧。

當你感到憤恨之時，嘗試一下抬起頭來仰視美妙的星空，感受清風明月的怡然，恨意會隨之減弱甚至消逝。

放下仇恨吧，朋友，你將發現：寬恕別人其實就會使自己快樂！

▍人生便利貼：如何你發洩的不良情緒

- **不要見人就抱怨**：只對有辦法解決問題的人抱怨，是最重要的原則。

  向毫無裁定權的人抱怨，只有一個理由：就是為了發洩情緒。而這只能使你得到更多人的厭煩。直接去找你可能見到的最有影響力的一位工作人員，然後心平氣和地與之討論。假使這個方案仍不管用，你可以將抱怨的強度提高，向更高層次的人抱怨。

- **抱怨的方式很重要**：盡可能以讚美的話語作為抱怨的開端。這樣一方面能降低對方的敵意，同時更重要的是，你的讚美已經事先為對方設定了一個遵循的標準。記住，聽你抱怨的人也許與你想抱怨的事情並不相關，甚至不知道情況為何，如果你一開始就大發雷霆只會激起對方敵對、自衛的反應。

- **控制你的情緒**：如果你怒氣衝衝地找負責人表示你對他的安排或做法不滿，很可能把他也惹怒了。所以即使感到不公、不滿、委屈，也應當盡量先使自己心平氣和下來再說。也許你已積聚了許多不滿的情緒，但不能在此時一股腦兒地宣洩出來，而應該就事論事地談問題。過於情緒化將無法清晰透澈地說明你的理由，而且還會讓上司誤以為，你是針對他本人而不是對他的安排不滿，如此你就應該另尋出路了。

- **注意抱怨的場合**：美國的羅賓森教授曾說：「人有時會很自然地改變自己的看法，但是如果有人當眾說他錯了，他會惱火，更加固執己見，甚至會全心全意地去維護自己的看法。不是看法本身多麼珍貴，而是他的自尊心受到了威脅。」
  抱怨時，要多利用非正式場合，少使用正式場合，盡量與上司和同事私下交談，避免公開提意見和表示不滿。這樣做不僅能給自己留有餘地，即使提出的意見出現失誤，也不會有損自己在大眾心目中的形象，還有利於維護負責人的尊嚴，不至於使別人陷入被動和難堪。

- **提出解決問題的建議**：當你向對方抱怨時，最好還能提出相應的建設性意見，來弱化對方可能產生的不愉快。當然，通常你所考慮的方法，對方往往也考慮到了。因此，如果你不能提供一個即

刻奏效的辦法，至少應提出一些對解決問題有參考價值的看法，這樣對方會真切地感受到你是在為他著想。

- **對事不對人**：你可以抱怨，但你抱怨後，要讓他人確實感到你被所抱怨的事傷害了，而不是要攻擊或貶低對方。對於絕大多數人來講，別人透過一些事實證明自己錯了是件很尷尬的事情。讓負責人在你面前承認自己錯了就更不容易，因此在抱怨後，你最好還能說些理解對方的話。切記，你抱怨的目的是幫助自己解決問題，而非讓別人對你形成敵意。

▌第五章　以德報怨是寬容最高境界

寬容是一種修養，需要一生去歷練。擁有寬容，心中就會擁有永久的快樂和幸福。

寬容是一種美德。因為有了寬容的胸懷，就會暫時放棄自己的處境，去維護一種公正；因為有了寬容的品德，就會丟掉個人恩怨和榮辱，留下一顆寧靜淡漠的心境；因為擁有寬容的境界，就會「寵容不驚，看庭前花開花落。去留無意，望天上雲卷雲舒。」

這是一個讓人靈魂震撼的故事。二戰期間，一支部隊在森林中與敵軍相遇，經過一場激戰，有兩名來自同一個小鎮的戰士與部隊失去了聯絡。他們倆相互鼓勵、相互寬慰，在森林裡艱難跋涉。

10餘天過去了，仍然沒有與部隊聯繫上。他們僅靠身上僅有的一點鹿肉維持生存。再經過一場激戰，他們巧妙地避開了敵人。剛剛脫險，走在後面的戰士竟然向走在前面的戰士安德森開了槍，子彈打在安德森的肩膀上。

開槍的戰士害怕得語無倫次，他抱著安德森淚流滿面，嘴裡一直念叨著自己母親的名字。安德森碰到開槍的戰士發熱的槍管，怎麼也不明白自己的戰友會向自己開槍。但當天晚上，安德森就寬容了他的戰友。後來他們都被部隊救了出來。

此後 30 年，安德森假裝不知道此事，也從不提及。安德森後來在回憶起這件事時說：「戰爭太殘酷了，我知道向我開槍的就是我的戰友，知道他是想獨吞我身上的鹿肉，知道他想為了他的母親而活下來。直到我陪他去祭奠他的母親的那天，他跪下來求我原諒。我沒有讓他說下去，而且從心裡真正寬容了他，我們又做了幾十年的好朋友。」

安德森在得知自己的戰友對自己開了黑槍之後，完全可以將他置於死地。但安德森竟然從戰爭對人性的扭曲、求生存、求團圓的天性上原諒了他的戰友，依然與曾經想殺害自己的人做了一生一世的朋友，這需要多麼寬廣、多麼仁慈的胸懷啊！

寬容需要崇高的境界。寬容是原諒可容之言、饒恕可容之事、包涵可容之人。而像安德森這樣能夠寬容面對讓自己受到致命傷害的人，已經達到了寬容的至高境界。

有了這種境界，世間還有什麼事情不能寬容呢？

有了這種境界，遭受誤解與鄙視、傲慢與偏見、熱嘲與冷遇、誹謗與非禮，都算不了什麼。

有了這種境界，就會像安德森那樣以德報怨，把傷害留給自己，讓世界少一些仇恨和不幸，多一些友善和祥和。

人生便利貼：學會寬容

- **寬容別人，其實就是寬容我們自己**：多一點對別人的寬容，我們生命中就多了一點空間。有朋友的人生路上，才會有關愛和扶持，才不會有寂寞和孤獨；有朋友的生活，才會少一點風雨，多一點溫暖和陽光。其實，寬容永遠都是一片晴天。

- **寬容就是忘卻**：人人都有痛苦、都有傷疤，動輒去揭便添新創，舊痕新傷難以癒合。忘記昨日的是非，忘記別人先前對自己的指責和謾罵，時間是良好的止痛劑。學會忘卻，生活才有陽光，才有歡樂。

- **寬容就是不計較，事情過了就算了**：每個人都有錯誤，如果執著於過去的錯誤，就會形成思想包袱。不信任、耿耿於懷、放不開，限制了自己的思維，也限制了對方的發展。即使是背叛，也並非不可容忍。能夠承受背叛的人才是最堅強的人，也將以堅強的心志在氛圍中占據主動，以其威嚴能夠給人信心與動力，更能夠防止或減少背叛。

- **寬容就是瀟灑**：「處處綠楊堪繫馬，家家有路到長安。」寬厚待人，容納非議，乃事業成功、家庭幸福美滿之道。事事斤斤計較、患得患失，活得也累。難得人世走一遭，瀟灑最重要。

- **寬容是一種堅強，而不是軟弱**：寬容要以退為進、積極地防禦。寬容所體現出來的退讓是有目的、有計劃的，主動權要掌握在自己的手中。無奈和迫不得已不能算寬容。寬容的最高境界是對眾生的憐憫。

- **寬容就是在別人和自己意見不一致時也不要勉強**：從心理學角

度，任何的想法都有其來由，任何的動機都有一定的誘因。了解
對方想法的根源，找到他們提出意見的基礎，就能夠設身處地，
提出的方案也更能夠契合對方的心理而得到接受。消除阻礙和對
抗是提高效率的唯一方法。任何人都有自己對人生的看法和體
會，我們要尊重他們的知識和體驗，積極吸取之間的精華，做好
揚棄。

- **寬容就是忍耐**：同伴的批評、朋友的誤解，過多的爭辯和反對實
不足取，惟有冷靜、忍耐、諒解最重要。相信這句名言：「寬容
是在荊棘叢中長出來的穀粒。」能退一步，天地自然寬。

- **寬容也需要技巧**：給一次機會並不是縱容，不是免除對方應該承
擔的責任。任何人都需要為自己的行為負責；任何人都要承擔各
種各樣的後果。否則，對方會一而再、再而三地犯禁（錯），顯
示出軟弱。

第六章　以欣賞的角度看待對方

「你別再製造這可怕的噪音好不好？我的頭都要爆炸了。」巴科斯特·
海斯對著窗外大聲喊道。自從隔壁新鄰居每天下午開始發聲鍛鍊，窗外的
春色都給攪渾了，搞得他整天心煩意亂，不得安寧。

「這個討厭的人，為什麼不到別處出醜呢？」他惱火地自言自語道，
「或許我該立刻搬走。」他是一名退役警官，經過數年的搏命後，渴望過
上一種平靜安逸的生活頤養天年。他特地選擇了街區邊緣只有孤零零兩座
房子的地方安了家。可這時候，隔壁那座房了裡卻搬來了一個歌劇演員。

巴科斯特在心中默默地數著數字，等著敲門聲的到來。

PART3　諒解是通向神殿的門檻

「砰砰砰。」他趕緊打開前門，莉莉已雙手叉腰站在門口，瞪著雙眼怒視著他。

「你這個老頑童，就不能停止你的惡作劇嗎？我剛搬來才兩周，你每天都大吼大叫干擾我練聲，我對你的行為已無法容忍！」

「是嗎？你倒是惡人先告狀。你那樣叫練聲？簡直是可怕的噪音，讓人無法忍受！」

「如果你耳朵那麼嬌嫩，為什麼不到別處去消磨一個小時呢？比如去釣魚、去喝酒、去游泳，總之去做什麼都可以。我住在這裡，就要在這裡唱。即使是噪音，你也必須習慣。」說完，她甩頭而去，腳下的高跟鞋踩在臺階上「噔噔」作響。

真有趣，他還是第一次注意到她走路時的姿態，雙胯擺動得是那樣自然優美。他出神地望著，心想，都 60 歲的人了，她竟然還保持這般輕巧苗條的身材，真是有點不可思議，是不是該約她出去？

關上門後，他又覺得自己很可笑，怎麼會有如此荒唐的念頭呢？他倆絕不是同一類人。況且，自打妻子過世後，他還從未對任何女人產生過興趣。

第二天，也不知怎麼回事，他鬼使神差地按照莉莉的建議去做了。

第三天清晨，巴科斯特被門鈴吵醒了，他瞅了一眼床邊的鬧鐘，才 7 點鐘。莉莉站在門口，手裡端著一盤自製的烤麵包，遞過來說：「我們訂個停戰協議，好嗎？你只要每天給我 1 小時，我保證你再也不用扯著嗓子大喊大叫了。」為了使他不至於敏感，她又問道：「你過去最感興趣的是什麼？」

「什麼？哦，我想是釣魚吧。你問這幹什麼？」

「我有個建議，你教我釣魚，我教你唱歌劇。」

「如果我說不想學歌劇呢？」

「那我也不學釣魚。其實，這只不過是一種增進鄰里關係的方式。」

真是兩個倔強的老人，性格迥異，互不相容。直到後來發生了一件小事，才使他們在各自的精神世界中找到了共同點。

一個星期天的早晨，莉莉邀請巴科斯特共進早餐，巴科斯特以有許多事要做，草率地拒絕了她。他關門時，看到莉莉臉上難堪的神色，他突然感到自己很不應該。

過了一會兒，敲門聲又響了。「對不起，再次打擾你，巴科斯特先生，這小傢伙遇到了麻煩。」莉莉說著，低頭看了看身邊大約五歲的小女孩。

巴科斯特彎下腰，輕輕地撫摸著小女孩因抽泣而顫抖的小肩膀說：「小寶貝，你別怕，我們會幫你找到媽媽的。」隨後他問清楚了小女孩的住址，給當員警的朋友打了個電話，很快便把小女孩送回了家。

巴科斯特送孩子回來後，正巧碰上莉莉含情脈脈的目光。她發自內心地說：「巴科斯特先生，你真是一個好人。為此，我為我原先的失禮真誠地向你道歉，。」

刹那間，巴科斯特一種自責感油然而生：我怎麼連個女人都不如？他鼓足了勇氣說：　「有時候，我也是又笨又蠢的，真對不起你。這些日子你一直在忍讓，而我……」

莉莉打斷他的話說：「過去的事就讓它過去吧，讓我們重新開始吧！況且你有一顆善良的心，我想一切都會順利的。」

四目相對，心情自然愉悅無比。

巴科斯特終於明白了容忍的道理，他再也不會從這裡搬出去了，而且還要搬到隔壁那座房子裡去。當然，他已經知道了莉莉是單身。

PART3　諒解是通向神殿的門檻

莉莉的寬容大度終於擊敗了巴科斯特那顆孤傲的心，他們由相互討厭到相互欣賞，到後來，他們成了夫妻。真是一個非常美滿的結局。

俗話說，遠親不如近鄰。鄰里關係處理好了，你的生活就會多些快樂，少些煩惱；處理不好，就會影響你的情緒，增加你的煩惱，甚至會帶來不堪設想的後果。

討厭不如欣賞。欣賞他人，即是欣賞自己。如果你老是想贏對方，即使獲勝了，那只是空洞的勝利，因為你永遠得不到對方的好感。

▌人生便利貼：學會控制怒火

- **不要壓抑怒火**：你若覺得煩惱，及時找人談談，這樣一來會減輕你的緊張程度。把瑣碎的煩惱吐露出來就能避免怒火在胸中滋生，就不會導致最終的勃然大怒。

- **承認自己的情感**：承認自己在生氣，不要為此而責怪他人，應該這樣說「當……時，我真的很生氣」，而不要說「你真的讓我很氣憤」一要知道那是你自己的看法，並非他人使你感到氣憤。

- **審視自己憤怒的程度**：要了解從輕微的煩惱到盲目的勃然大怒等各種憤怒的程度。要注意相應的各種生理變化，從輕微的肌肉緊張到呼吸急促、心率加快、顫慄、渾身發熱、滿臉通紅。

- **了解起因**：憤怒主要源於固執呆板的信念。審視一下你的原則，看它們有多刻板。你的信念越靈活，你就越不會感到心灰意冷、怒火中燒。同時自問當時的情況是否觸動了過去的情感。

- **用行動表白情感**：重新學習一些孩子般天真的動作來達到既不傷害他人，又能驅散緊張情緒的目的，如跺腳、敲打靠墊、尖叫。你若無法本能地發洩怒氣，它可能會以其他不恰當的方式釋放出

來，如在路上踢狗或對孩子大喊大叫。

■ **要學會寬恕**：你的怒氣發完之後就要開始努力忘卻發生的事，寬恕對方，言歸於好。你當時若做得過分，那就道歉。接受並理解他人的憤怒，我們都不是十全十美的人，都在努力駕馭著我們複雜的情感。

第七章　化敵為友是雙贏

美國的 Real Networks 公司曾經向美國聯邦法院提起訴訟，指控比爾蓋茲（Bill Gates）的微軟公司違反反壟斷法，並要求其賠償 10 億美元。但在官司還沒有結束的情況下，Real Networks 公司的執行長格拉塞卻致電比爾蓋茲，希望得到微軟的技術支持，以使自己的音樂檔能夠在網路和可攜式裝置上播放。

所有的人都認為比爾蓋茲一定會拒絕他，但出人意料的是，比爾蓋茲對他的提議表現出特別的歡迎，他透過微軟的發言人表示，如果對方真的想要整合軟體的話，他將很有興趣合作。

眾所周知，微軟和蘋果兩大公司自七〇年代起就一直處於敵對狀態，賈伯斯（Steve Jobs）和比爾蓋茲為爭奪個人電腦這一新興市場的控制權展開了激烈的競爭。

到了八〇年代中期，微軟公司明顯占據了領先優勢，市場占有率達到了 90％，而蘋果公司則舉步維艱。但讓所有人大跌眼鏡的是，西元 1997 年，微軟向蘋果公司投資 1.5 億美元，把蘋果公司從倒閉的邊緣拉了回來。西元 2000 年，微軟為蘋果推出 Office2001。自此，微軟與蘋果真正實現雙贏，他們的合作關係進入了一個新時代。

PART3　諒解是通向神殿的門檻

常人不可理解的兩件事都發生在世界首富比爾蓋茲身上，我想這絕對不是一個巧合。比爾蓋茲的成功，源於很多因素：包括他對商機的掌握、他天才的設計能力，但其中還包括他面對對手的態度。

面對對手，一定要不屈不撓、咬緊牙關、迎面而上、決不退縮——這似乎是共識。但明智的比爾蓋茲選擇了另一種方式：站到對手的身邊去，把敵人變成自己的朋友。

首先，當你決定打敗對手的時候，對手也想著打敗你。他既然能成為你的對手，就一定跟你實力相當，不好對付。退一步來說，就算你歷盡艱辛終於將他打敗，可是誰能保證某天他就不會東山再起？到時候你又要提起十二分精神，積極備戰。

所以，最好的辦法不是打敗對手，而是像比爾蓋茲那樣，借施恩之勢友好地站到對手的身邊去，把他變成自己的朋友，實現雙贏。

這不禁讓人聯想到約翰·藍儂（John Lennon）的故事。西元 1957 年，當時還默默無名的約翰·藍儂在一次小型演出中認識了 15 歲的保羅·麥卡尼（Paul McCartney）。

演出結束後，保羅批評約翰唱得不對，吉他也彈得不好，約翰很不服氣。於是保羅用左手彈了一段旋律漂亮的吉他，向約翰展示了他的才能，而且他能記住所有的歌詞，這讓約翰大為驚訝。

約翰想，與其讓這小子成為自己將來的敵人，還不如現在就邀他入團。就在這天，20 世紀最成功的音樂搭檔誕生了，約翰和保羅攜手合作，組建了「披頭四樂團（The Beatles）」。這支樂隊後來風靡全球，成為迄今為止歷史上影響最為深遠的樂隊。

聰明的約翰比比爾蓋茲更有遠見：在敵人還未成為敵人之前，快步上前，站到他的身邊，把他變成自己的朋友。

　　自以為是是一種世人普遍擁有但特殊的淺薄。時時保持謙恭的態度，不要吝惜你的恩澤，哪怕對方是你的敵人。古兵法有雲：不戰而屈人之兵，是為上上策。在這裡，「屈」的效果就取決於你「施」的程度了。

　　「人非聖賢，誰能無過？過而能改，善莫大焉。」金無足赤，人無完人，沒有人能永遠不犯錯、永遠完美無缺，關鍵是對待缺點要及時改正，當缺點被我們一一改正以後，回過頭來再看 —— 缺點，已越來越遙遠。

▌人生便利貼：以退為進的策略和技巧

　　現代社會中，「退一步」也不是無原則、無技巧的，能做到以退為進最好。以退為進，既是一種商業談判的策略，也是一種技巧，依據許多商業談判者的成功經驗來看，以退為進的策略和技巧，大致上有如下方面：

- **替自己留下討價還價的餘地**：如果你是賣主，喊價要高些；如果你是買主，出價要低些。無論哪種情況，都不能亂講價，務必在合理範圍內。

- **適時隱藏住你自己的要求，讓對方先開口說話**：讓他表明所有的要求。特別是對方主動找你談買賣，更要先穩住些。

- **讓對方在重要的問題上先讓步**：如果你願意的話，可在較小的問題上先讓步。不過你不要讓步太快，晚點讓步比較好，因為對方等得越久，就會越珍惜它。

- **實施策略性讓步**：同等級的讓步是不必要的，如果對方讓你60％，你就讓40％；你若讓出40％，要能換取對方讓60％。否則，你就不要急於提出讓步。

- **學會吊胃口**：人們總是珍惜難於得到的東西。假如你真的想讓對

方滿意，就讓他努力去爭取每樣能得到的東西。在讓步之前，要先讓對方去爭取一陣。

- **不要掉以輕心**：記住，即便在讓步的情況下，也要永遠保持住全域的有利形勢。

- **必要時重新談判**：假如你在做了讓步後想要反悔，也不要不好意思，因為那不是一種協定，還未簽約，可以重新談判。

- **適時調整讓步的節奏**：不要太快或過多地作出讓步，以免對方過於堅持原來的要求。在進行商業談判中，你要隨時注意自己讓步的次數和程度。

▎第八章　讓對方賺足面子

人都要面子，你先放低姿態，讓對方賺足了面子，對方就會為你留面子。更重要的是，當你遇到實力比你差得遠的對手時，如果你硬是高高在上，他沒有「談判籌碼」，往往會流於意氣之爭，作困獸之鬥。不善於給別人臺階，既是害人又害自己。

美國財富巨擘摩根財團創始人約翰‧皮爾龐特‧摩根（John Pierpont Morgan）在年輕的時候也不是很注重給別人留面子的，但是他父親朱尼厄斯告訴摩根他朋友的一個親身經歷，讓他頓悟不少。

克里斯是朱尼厄斯的朋友的公司員工。這天克里斯要去找朱尼厄斯的朋友 —— 也就是他的老闆 —— 抗爭。

「我們雖然是工友，但也是人，怎麼能動不動就加班？一年到頭的上班，結果人都累死了卻賺不了多少錢。「克里斯出發之前，義憤填膺地對同事說，「我要好好教訓那自以為了不起的老闆。」

「我是克里斯。」克里斯對老闆的助理說，「我有事前預約。」

「是的、是的。老闆在等你,不過不巧,有位同事臨時有急件送進去,麻煩您稍等一下。」助理客氣地把克里斯帶進會客室,請克里斯坐下,又一臉笑容說:「你是喝咖啡還是茶?」

「我什麼都不喝。」克里斯小心地坐進大沙發。

「老闆特別交代,如果您喝咖啡,一定要最好的咖啡。」

「那就茶吧!」

不一會兒,助理用托盤端上茶,又送上一碟小點心:「您慢用,老闆馬上出來。」

「我是克里斯。」克里斯接過茶,抬頭盯著助理,「你沒弄錯吧,我是工友克里斯。」

「當然沒弄錯,您是公司的元老,老同事了,老闆常說你們最辛苦了,一般工友加班到九點,你們得忙到十點,心裡實在過意不去。」

正說著,老闆已經大跨步地走出來,要跟他握手:「聽說您有急事?」

「也……也……,其實也沒什麼,幾位工友叫我來看看您……」

不知為什麼,憋了一肚子不吐不快的怨氣,一下子全不見了。臨走前還不斷對老闆說:「您辛苦、您辛苦,大家都辛苦,打擾了!」

你看,老闆還沒出現,就已經把問題化解了一大半,不是嗎?

朱尼厄斯曾經對摩根說過,碰上正激動的克里斯,與其一見面就不高興,何不請他坐下,讓他先冷靜一下?他如果有怨言,覺得不被尊重,何不為他奉上茶點,待為上賓,使他受寵若驚?

做人要厚道,凡事給人給己留一條後路吧!再敏感的人也會有觸動他的導火線,把人逼上梁山的後果,就像是吹氣球時吹氣過了頭的突然爆炸,因此,我們與人交往時,為自己爭面子之前,最好低調處理,先讓對方賺足面子。

人生便利貼：留面子給對方

　　幾分鐘的思考、一兩句體貼的話、對對方的寬容，都將有助於減少對別人的傷害！世界上真正偉大的人，其偉大之處在於絕不將時光浪費在對個人成就的自我欣賞中。

　　挑剔別人的錯誤，不但不會讓他知道自己錯了，反而會使他產生逆反心理，作出不利於你的事情；相反，讓人保住面子，對方會在心裡感激你，對你有求必應。

　　假如我們是對的，別人絕對是錯的，我們也會因為指出別人的錯誤而使對方失去顏面，毀了他的自尊。我們沒有權力貶低一個人的自尊。

　　重要的不是我們覺得別人怎麼樣，而是別人覺得自己如何。傷害人的自尊就如同犯罪。

PART4
活著就是幸福

在自然萬物之中，只有人類才被賦予擁抱希望生活的特權。正因為如此，我們更應該用自己頑強的力量，面向未來的希望之光，創造自己的美麗人生。

懷抱希望，勇敢度過生命中的不如意，自強不息地與苦難奮鬥，任何磨練對他們而言，都是另一種獲得勝利的方程式。

一個不計較代價，只為希望而生活的人，肯定會生出無比的勇氣，堅強地承擔生命拋給他們的考驗，苦難再多，他的生命越發光亮。

▌第一章　主動擁抱美好

只要我們活著，只要我們願意選擇快樂，任何時候，我們都能讓自己保持快樂。即使是我們遭受了前所未有的沉重打擊，如果能拋開痛苦去主動擁抱美好，你便不會因痛苦而忘記快樂，更不會被它擊倒。

西元 2001 年 8 月 28 日，葛倫太太的兒子——25 歲的消防隊新人麥可‧葛倫——在紐約一家汽車鈑金廠火災中犧牲，時任紐約市長的朱利安尼（Rudy Giuliani）趕赴現場，他曾在入主紐約市政府時發出誓言：只要市府有員工因公負傷，他一定立刻趕往現場。因為他認為作為一個公僕，這是他對不幸者唯一能做的事。

葛倫太太在醫院哀痛欲絕，這起悲劇並非她那年所遭遇的唯一苦難。過去 10 個月裡，她先後失去父親與丈夫。如今，連她的兒子也走了。

隨著時間的推移，滿腹哀痛的葛倫太太逐漸成為醫院等候室裡最冷靜的人。她安慰親友，勇敢地討論葬禮事宜。突然，有人想到一件事：葛倫太太的女兒即將在下月出嫁。

「婚禮一定要延期，」一名親戚堅持，「你不能在這種時候舉行婚禮。」

葛倫太太隨即反對：「婚禮不能延期，我們要繼續舉行婚禮。」

所有人都大為驚異，葛倫太太正深陷於人世間最悲慘的苦海——失去子女——但卻能以勇氣為後盾，平靜表達內心的看法：「我現在要面對兩件事：兒子的死亡以及女兒的婚禮。我決定把焦點放在婚禮。為什麼？生命中有劇苦也有極樂，我們會面對這起悲劇，但也應該以更歡愉的心情辦好這場婚禮。我兒子會希望我們這麼做，而我女兒也需要我們這麼做。」

隔天，在逝者靈前，葛倫太太帶著女兒走向前來參加葬禮的朱利安尼市長：「這孩子失去她生命中所有的男性至親，結婚當天沒有人送她上聖

壇。早在這件事發生之前，我們一家人都很景仰你。所以，我想請你幫忙：你可以帶我女兒走上紅地毯嗎？」

「榮幸之至。」朱利安告訴葛倫太太，「這是我所接受的最美好的邀約之一。」葛倫太太告訴朱利安婚禮訂於 9 月 16 日，禮拜天，地點是布魯克林的蓋瑞林海灘。

就在距離葛倫太太兒子的葬禮 14 天之後，女兒婚禮前 5 天——9 月 11 日，朱利安尼在曼哈頓參加一場早餐會時，突獲世貿雙塔遇襲的消息。朱利安尼以其超人的鎮定與卓越的領導力，領導紐約人面對人類歷史上極盡苦難與哀痛的非常時日。

9 月 15 日晚間，祕書詢問朱利安尼市長次日是否還會參加那場婚禮。

「絕對會，這場婚禮對我的意義更為重大。」朱利安尼回答。

「任何一天，我們都可能同時經歷生命極美好與生命劇苦，但重點是——我們應該在一肩挑起悲劇之際，同時擁抱美好幸福。」那幾天的記者招待會上朱利安尼無數次重複葛倫太太的話。

但西元 2001 年 9 月 11 日那天所發生的重大悲劇，究竟有什麼美好喜樂可言？有人發問。

在 911 當天，以及接下來數周與數月的無數場演講、訪問與發表頌詞中，朱利安尼告訴了大眾這個答案，那就是：

「即使當天所發生的一切如此駭人，但我們能發現，情況其實可能會更糟。數千人死於 911 恐怖攻擊，但此人數其實可能會更高，民眾當日飽受前所未見的重大驚嚇，但卻沒有爆發混亂性大逃亡，國家遭受慘無人道的攻擊，但並未屈服。」

「我們活下來了。」

「人類精神存活下來了。」

朱利安尼說：「是葛倫太太教我看到並放大這一點的。」

連葛倫太太自己都沒有意識到，她和她的一席話會如此深切地影響到一個人、一個城市甚至一個國家。

是的，只要我們還活著，只要主動去擁抱美好，我們就能勇敢地去承擔痛苦，快樂地享受生活！

▋人生便利貼：如何塑造陽光心態

- 養成一種習慣，發現生活的美好方面。

  要接受自己、接受別人、接受現實。

  要學會欣賞每個瞬間，要熱愛生命，相信未來一定會更美好。

  要相信透過努力，自己的未來沒有問題。

- 放下過去。

  要學會忘記、諒解、寬容。不原諒等於給了別人持續傷害你的機會。

  幫了別人的忙要立刻忘掉，不要把自己對別人的恩惠成為別人的包袱，要打開鳥籠，讓鳥飛走，把自由還給鳥籠。

- 學會利用現有資源把事情完成，而不是消極等待。

  如果有檸檬，就做檸檬水。這裡面有兩層涵義，第一，檸檬能夠榨汁；第二，你別嚷嚷怎麼沒有蘋果、香蕉啊？利用現有的資源把事情完成而不是消極等待。敞開心扉擁抱這個世界吧！

  為你的選擇全力以赴，你不會後悔；心在曹營不投入，你將失去另一個機會。你現在走的每一步都是通向未來進步的階梯。

- 服務他人。

  金錢的價值在於使用，人的生命價值在於被需要。

要時常定一些格言來激勵自己。愛人者人恒愛之，敬人者人恒敬之；懂得關懷獲得朋友，懂得放心獲得輕鬆，懂得遺忘獲得自由；你不能做到你想做的一切，你只能做成你想做的一點。

活在當下，未來導向，向下比較，就能使你每天獲得陽光心態。

第二章　勇敢度過生命中的不如意

每年過生日的時候，在吹蠟燭前，你都許了什麼願望？

過著幸福快樂的日子，還是有個成功的未來？

然而，人的一生難免會遭受很多的苦難，無論是與生俱來的殘缺還是遭遇生活的不幸，唯有在面對苦難時，自強不息，才能贏得笑聲、贏得成功、贏得幸福。

在他 8 歲那年，曾遭遇一場意外爆炸事故，致使雙腿嚴重受傷，腿上沒有一塊完整的肌膚。醫生曾斷言他此生再也無法行走。然而，他並沒有哭泣，而是大聲宣誓：「我一定要站起來！」

他在床上躺了兩個月之後，便嘗試著下床。他總是背著父母，拄著父親為他做的那兩根小拐杖在房間裡走動。鑽心的疼痛把他一次次擊倒，他跌得遍體鱗傷，卻毫不在乎，因為他堅信自己一定可以重新站起來、重新走路奔跑。幾個月後，他兩條傷腿可以慢慢屈伸了。他在心底默默為自己歡呼：「我站起來了！我站起來了！」

他又想起了離家兩英里有一個湖泊。他喜歡那裡的藍天碧水和那裡的小夥伴。

他一心想去湖泊，於是，他更加頑強地鍛鍊著自己。兩年後，他憑藉自己的堅忍和毅力走到了湖邊。自此，他又開始練習跑步，他把農場上的牛馬作為追逐對象，數年如一日，寒暑不放棄。後來，他的雙腿就這樣

「奇蹟」般地強壯了起來。再後來，他透過不斷的挑戰，成了美國歷史上有名的長跑運動員。

　　他就是美國體育運動史上偉大的長跑選手 —— 格蘭‧康寧漢（Glenn Verniss Cunningham）。

　　在我們身邊也有一些普通的人，他們雖然不像格蘭‧康寧漢那樣有名，但卻一樣用辛酸的汗水與淚水譜寫著自己精彩的一生。

　　在自然萬物之中，只有人類才被賦予擁抱希望生活的特權。正因為如此，我們更應該用自己頑強的力量，面向未來的希望之光，創造自己的美麗人生。

　　一路辛苦的人生旅途，最重要的不是財產，也不是地位，而是存在我們心底的毅力，也就是永不磨滅的希望。

　　懷抱希望，勇敢度過生命中的不如意，自強不息地與苦難奮鬥，任何磨練對他們而言，都是另一種獲得勝利的方程式。

　　一個不計較代價，只為希望而生活的人，肯定會生出無比的勇氣，堅強地承擔起生命拋給他們的考驗，苦難再多，他的生命越發光亮。

人生便利貼：苦難是人生的必修課

　　在這個世界上，有許多事情是我們很難預料的，總會遇到很多不如意的事。我們不能控制際遇，卻可以掌握自己；我們無法預知未來，卻可以把握現在；我們不知道生命有多長久，但我們卻可以安排當下的生活；我們無法避免逆境與困難，那就迎難而上，獲取新的生活！

　　沒有一帆風順的命運，沒有事事如意的人生，苦難是人生的必修課，逆境是成功的墊腳石。用豁達的心境，睿智的頭腦，堅強的意志

度過生命中的不如意，迎接你的必將是一片晴朗的天空。

　　當你遇到一些不如意的事情，不管是生病、經濟問題還是工作問題，不應該就因為這些放棄了自己的信仰和夢想。應該充滿希望地對待一切，這樣你的內心才能更加強大，你的愛和隱忍會讓你成為更加優秀的人。

第三章　你我都是幸運兒

　　《最偉大的力量》一書的作者 J‧馬丁‧科爾說過：「你如果不能改變事實，就不如改變想法。」很多事情是我們無法選擇而不得不接受的，故而有許多人會抱怨自己是多麼的不幸。可是除了得到別人的暫時同情以外，只會讓自己在這種壞情緒的影響下生活得更加不愉快！

　　獲得加州大學藝術博士學位的黃美廉是一位自小就患有腦性麻痺的病人。這種疾病奪去了她肢體的平衡感，也奪走了她發聲講話的能力。從小她就生活在肢體不便及眾多異樣的眼光中。然而她沒有被這些一般人所認為的不幸擊敗，她昂然面對，迎向一切的不可能。終於，她用她的手當畫筆，畫出了生命的燦爛色彩。

　　在一場她的演講會上，有個學生問：「請問黃博士，你從小就長成這個樣子，你怎麼看你自己？你沒有怨恨嗎？」

　　這個問題太傷人了，尤其是在大庭廣眾之下。那麼，黃美廉又是怎樣回答的呢？

　　「我怎麼看自己？」黃美廉用粉筆在黑板上重重地寫下這幾個字。寫完這個問題，她回頭嫣然一笑，然後又在黑板上龍飛鳳舞地寫了起來：

PART4　活著就是幸福

1. 我好可愛！
2. 我的腿很長很美！
3. 爸爸媽媽這麼愛我！
4. 上帝這麼愛我！
5. 我會畫畫！我會寫稿！
6. 我有隻可愛的貓！
7. 還有……
8. ……

最後她又在黑板上寫下結論：「我只看我所有的，不看我所沒有的。」黃美廉傾斜著身體站在臺上，滿足的笑容從她的嘴角蕩漾開來，眼睛眯得更小了，有一種永遠也不被擊敗的傲然寫在她臉上。

就連在我們看來很不幸的黃美廉都有那麼多使她感到幸福和快樂的事，那麼我們又有什麼理由不快樂呢？朋友，多想想自己是多麼幸運吧，這是一種樂觀的心態、一種傲然的心態、更是一種成功者才有的心態。

兩個有著亞洲血統特殊背景的人，後來被來自歐洲的外交官家庭所收養。兩個人都上過世界名校，但他們兩個人之間存在著不小的差別：其中一位是 40 歲出頭的成功商人，名副其實可以享受退休生活了；而另一位是學校教師，收入低，並且一直覺得自己很失敗。

有一天他們一起出去吃晚飯，晚餐在燭光映照中開場了，不久後，話題進入了在國外的生活。因為在座的幾個人都有周遊列國的經歷，所以他們開始談論在異國他鄉的趣聞軼事。隨著話題的一步步展開，那位學校教師開始講述越來越多自己的不幸：她是一個多麼可憐的亞細亞孤兒，又如何被歐洲來的父母領養到遙遠的瑞士，她覺得自己是多麼的孤獨。

開始的時候，大家都表現出同情。隨著她的怨氣越來越大，那位商人

變得越來越不耐煩，終於忍不住把手一揮制止了她的講述：「夠了！你說完了沒有？！你一直在講自己有多麼不幸，你有沒有想過當初你的養父母在成百上千個孤兒中挑了別人又會怎樣？」

學校教師直視著商人說：「你不知道，我不開心的根源在於……」然後接著描述她所遭遇的不公正待遇。

最終，商人朋友說：「我不敢相信你還在這麼想！我記得自己25歲的時候無法忍受周圍的世界，我恨周圍的每一件事，我恨周圍的每一個人，好像所有的人都在和我作對似的。我很傷心無奈，也很沮喪。我那時的想法和你現在的想法一樣，我們都有足夠的理由抱怨。」他越說越激動。「我勸你不要再這樣對待自己了！想一想你有多幸運，你不必像真正的孤兒那樣度過悲慘的一生，實際上你接受了非常好的教育。你負有幫助別人脫離貧困漩渦的責任，而不是找一堆自怨自艾的藉口把自己圍起來。在我擺脫了顧影自憐，同時意識到自己究竟有多幸運之後，我才有可能獲得現在的成功！」

人們往往羨慕別人的燦爛，卻忽略了自己的輝煌，而把眼睛只盯在自己的不幸上，很少想自己有多幸運。其實，只要多想想自己的幸運，我們就不會再抱怨生活，你想擁有的成功與快樂也會隨之而來。

人生便利貼：面對幸運與不幸

從心理安慰的角度講，無論你陷入什麼樣的艱難境地，都要想到：還有比這更不幸的，相比之下，我已經夠幸運了。

從辯證的角度講，幸運中隱藏著不幸，而不幸中往往會產生令人羨慕的幸運者。古人有「禍兮，福之所倚；福兮，禍之所伏」的說法，正是此意。道理非常簡單：過多的幸運只會讓一個人意志逐漸薄

弱，根本經不起不幸的打擊，一旦遭遇波折，只能怨天尤人。

　　不幸對於幸運兒而言無疑是滅頂之災，無力抗拒。因為幸運兒習慣了幸運，在他們的生活中，只有一帆風順、心想事成，他們不認為不幸也是生活的一部分。他們就像溫室中的花朵，失去了抗擊風雨的能力。而不幸對於那些經常遭受折磨的人來說是家常便飯，常吃這種「不幸飯」的人，意志力都是頑強的。他們清楚地知道，人生不是風調雨順的，幸運只是偶爾的光臨。

　　幸運是有限的，不幸卻是無限的。一個過早將幸運透支了的人剩下的無疑是更多的不幸。這其中的道理是：因為你幾乎經不起不幸的打擊，一旦被打倒，甚至在別人看起來不過是個小小的溝渠，也會成為你的生活中難以跨越的高山。

　　失敗的不幸像骨牌，一旦倒下便不可收拾；成功的幸運卻似流星隕石，不會輕易落到你腳下。一個聰明的、有遠見的人，一定會懂得正確的對待幸與不幸。

　　沉湎在不幸中不可自拔，只有死路一條；而置身於幸運中不做居安思危的長遠打算，後果同樣不堪設想。

　　幸運，傻瓜也會有；不幸，卻不是什麼人都能承受得了的！

▌第四章　優雅地欣賞人生每一階段的風景

　　歲月以相差極微的速度在推進生命的進程與變化，使人生圓滑地進行。在生命的每一個階段，時間一年一月地、一日一時地、一分一秒地漸漸催人變化，在生命中留下了歲月之痕，讓人發出日月如梭、光陰似箭的感慨。

盧梭說：「16 歲時，處於青春期的孩子知道痛苦是什麼，因為他本人承受過，但他幾乎不知道別人也有同樣的痛苦。而 18 歲的年輕人，常常會進行沒有把握的冒險而付出昂貴的代價。人在 20 歲時以意志著稱，在 30 歲時憑智慧取勝，在 40 歲時靠的則是理智判斷。」

歲月以及我們度過歲月的感受，對於一般人來說是個不解之謎，每當一個人剛剛感覺到生命中的歲月之痕時，卻驚訝的發現自己不再年輕，感嘆人生如白駒過隙。好在物理學家創造了奇妙的理論來衡量時間，讓我們在感受那可快可慢的心理時間的同時，可以知道我們度過的真正歲月。

在約瑟芬·哈特（Josephine Hart）的小說《損害》中，一名角色悲嘆道：「光陰像駿馬，在我的生命中疾馳而過，完全占了上風，我幾乎連韁繩都抓不住。」

是啊，人的一生應該要能夠握緊韁繩，使馬奔馳的速度穩定下來，用成就和新奇的事物來充實你的日子，把時光留住，仔細品嘗生命中寶貴的分分秒秒。

生命由於千姿百態才顯得充盈，自然界不會只剩下光禿禿的土地，那樣只會顯得單調。而每個年齡段都有不同的風景。從青澀到成熟、從成熟到燦爛、燦爛之極再歸於平淡⋯⋯我們的生命就是這樣的自然發展過程，我們怎能拒絕它呢？

既然年齡是勒不住韁繩的駿馬，為什麼我們不在馬背上優雅地欣賞人生每一階段的風景呢？當我們從容而優雅地體會生命中的美妙時，生命就會把關於年齡的祕密悄悄告訴我們，讓我們在身體蒼老時仍然保持嬰兒一樣清澈明亮的眼神。

人生便利貼：人到暮年如何克服自卑心理

- **用樂觀的態度對待暮年**：人到暮年絲毫沒有自卑的理由，只要盡力而為就會博得眾人的理解與尊重。樂觀地對待一切，當病魔甚至癌症向您挑戰時，就要像對待敵人那樣，要有樹立戰勝疾病的信心和勇氣，並以科學的態度對待它。事實證明，積極的樂觀主義，猶如精神原子彈，對疾病有巨大的威懾力量。

- **遇事無爭，修養心境**：人到暮年，不必和青壯年相比，遇事應避讓不爭，「太太平平」地安度晚年，古人說得好「大得必得其壽」，人要有高尚的道德修養，應做到：安心處世、光明磊落、性格豁達、心理沉靜、性情豪爽、不與人爭強鬥勝、不自尋煩惱，更不要為不快之事而大動肝火，終日心平氣和，寬厚待人，沒有嫉賢妒能的憂慮，心理終會泰然自若。

- **豐富晚年生活**：人到暮年，往往對生活愛好缺乏濃厚的興趣，加之安排不當，就顯得枯燥無味。豐富晚年生活，對老人健康長壽非常重要。應做到：日常生活要有規律，起居定時，要有良好的習慣。應根據自己的特點恰當地安排生活、工作、學習、鍛鍊、休息、飲食和睡眠等，且平時不宜過勞，勞逸須結合，琴、棋、書、畫、烹調、縫紉、養殖栽種、工藝製作、適當運動等技藝，也是老人克服自卑心理的用武之地，是老年保健，尤其是精神保持安樂的好方式。

▌第五章　生命的春天從改變自己開始

　　我們雖然不能改變那些已經發生的事實，可是我們能夠改變自己。

　　小說家荷摩・克洛伊說：「不要為打翻了的牛奶哭泣。否則，打翻的將不是牛奶，而是你的心血。」

　　他為什麼這樣說呢？看了他的故事你就能明白了。

　　那天，我認為「一生中最悲慘的時刻」來了：警長來到我家，我不得不從後門溜了。從此，我失去了位於長島佛洛裡斯特的家。那個地方給我留下的印象太深了：我的孩子都是在那裡出生的，而我在那裡住了整整18年。

　　我怎麼也想不到，這種事情會發生在我身上。

　　在12年前，我一直認為自己是站在世界巔峰的人。我的《水塔之面》電影版權，以最高價賣給好萊塢一家影片公司，我和家人在國外住了兩年：夏天在瑞士消暑，冬天在法國南部避冬 —— 過的完全是一個百萬富翁的日子。

　　我在巴黎住了6個月，有一本小說面世，書名叫《他們必須見見巴黎》。這部小說被改編成電影，由成爾・羅吉斯主演。很多人希望我留在好萊塢，再為羅吉斯寫幾部電影劇本，可是我還是回到了紐約。

　　在大紅大紫面前，我認為自己還有尚未開發出來的潛在能力：我想我有能力做一位精明的生意人。

　　有人跟我說：約翰・賈可伯在紐約投資購買空地，很快變成百萬富翁。賈可伯是什麼人？一名移民美國的小商販而已！他都能成功，難道我就不能？於是，我決定做房地產生意。做起了發大財的美夢！

　　其實，我對房地產一無所知，可是我有勇氣。如何開展這方面的事業呢？很簡單，把房子抵押了，然後購買佛洛裡斯特山區一塊最佳的建築用

地。我打著如意算盤：把這塊地死死地留著，等地價漲到高峰再賣掉，坐收厚利，成為真正的百萬富翁。

土地到手後，我得意極了，好像我的地皮已經換成了美金，自己已經是百萬富翁，坐在豪華的房間裡，對那些整天在辦公室忙碌的職員表示同情，因為我認為，靠一份薪水生活的日子實在是太苦了。上帝賦予我的才能，我怎麼能夠隨便浪費！

在房地產方面，我絕對是一個外行，對經營一竅不通。突然間，經濟不景氣，土地賣不出去，像堪薩斯的狂風搖晃雞籠子一樣，我被吹垮了。我每個月必須為那塊地付出 220 美元。那幾個月過得真慢！

除此之外，我還必須為那棟被抵押掉的房子付款，必須養活一家人。我十分煩惱，想為雜誌社寫一些幽默小說，而我的幽默小品頗似《舊約》中的哀歌！

我賣不出任何稿子，我所寫的小說也以失敗告終。我把錢全用光了，除了打字機和我口中的金牙之外，我沒有任何東西可以拿來抵押借款。牛奶公司停止送牛奶，煤氣公司也把煤氣關掉。我不得不去買一個露營用的戶外小火爐。

我們沒有煤炭可用，唯一可供取暖的東西是壁爐。我經常在夜間出去，到那些有錢人正在蓋房子的附近撿廢棄的木頭 —— 而我本來夢想躋身這些有錢人的行列中。我十分煩惱，睡不著覺。我經常半夜起床，行走數小時，使自己感到疲倦才能入睡。我不僅失去了我購買的那塊空地，花在上面的全部心血也付諸流水。

銀行結束了對我房子的抵押，把我和家人全部趕到街上去。我們好不容易湊出幾塊錢，租了一間小公寓，在西元 1933 年的最後一天搬過去。我坐在行李箱上東張西望時，我母親的一句老話突然出現在我腦海中：

「不要為打翻了的牛奶哭泣！」但這並不是牛奶，而是我的心血！

　　我在行李箱上坐了一會兒，然後對自己說：「我經歷了最悲慘的遭遇，而且已經熬過去了。此後，只會好轉，不會變壞了。」我開始想到我仍然擁有有利條件，我身體依然健康，朋友仍在，可以從頭再來。我不再為過去哀傷，我每天重複母親的那句話。我把精力用在工作上，不再煩惱。

　　漸漸地，我的情況開始改善了。對於我以前的那段悲慘遭遇，我現在心存感激：它給了我力量、堅忍和信心。我現在知道，什麼是最困苦的生活；我知道，天無絕人之路；我知道，我們能忍受更多的痛苦。現在當我遇到小煩惱、焦慮、困難時，我就提醒自己當年坐在行李箱上對自己所說的話：「我經歷了最悲慘的遭遇，而且已經熬過去了。此後，只會好轉，不會變壞了。」

　　不要為無法改變的事情傷悲！在不幸面前，只有勇敢面對，努力改變現狀才是聰明之舉，否則只會被命運的漩渦無情地摧垮。如果你的境遇已經壞得無法再壞，那麼既然如此，只要努力，你就能一天更比一天好，又何必沉浸在無盡的煩惱中呢？

▌人生便利貼：克服焦慮的 3 個簡單步驟

■ **事先做好準備**：在進入誘發焦慮的狀況之前，逐條仔細研討下列思想。
  - 它不會像我想的那麼糟。
  - 我決定這次把它做好。
  - 去比不去好。
  - 擔憂於事無補。

- 我將實施我的訓練計畫—對此我已經做好了充分的準備。
- 控制自己的呼吸，保持平靜。
- 我將用積極、理性的思考來對付消極思想。

■ **在事件的進程中保持輕鬆**：當你處於焦慮的境地，這些想法很有幫助。

- 我將一步一步地慢慢把它做好。
- 我必須把精力集中在自己要做的事情上。
- 我將把「放鬆」一詞當作停止焦慮的關鍵字。
- 如果我感到緊張，就做些腹式呼吸及肌肉放鬆運動。
- 這些感覺令人不快，但沒有危害或危險。
- 我能夠忍受焦慮的煎熬，我過去曾多次獲得成功。
- 這種感覺總要過去—緊張之後便是平和。
- 接受焦慮是件好事。

■ **事後表揚**：這些想法可用於你度過了困境，戰勝它之後。

- 做得好，那真是了不起的挑戰。
- 我成功地度過了難關。我做得雖不完美，但那是一種進步。
- 我成功了，下次做起來會更容易。
- 我要把實際情況寫下來，下次就不會忘記了。
- 我在進步。

▌第六章　逆境是最好的學校

一位哲人曾說過：「並不是每一次不幸都是災難，早年的逆境通常是一種幸運。與困難作鬥爭不僅磨礪了我們的意志，也為日後更為激烈的競爭準備了豐富的經驗。」

　　逆境和苦難常常能鍛鍊人們的意志，一旦具備了像鋼鐵一般的意志，成功對於我們而言，也是理所當然的事情了。事實上，每一位傑出人物的成長道路都不是一帆風順的，他們一切偉大成就的取得，莫不得益於那所叫「逆境」的學校。

　　「逆境」是最為嚴厲、最為崇高的老師，它用最嚴格的方式教育出最傑出的人物。人要獲得深遠的思想，或者要取得巨大的成功，就要擅於從艱難窮困中摒棄淺薄。不要害怕苦難，不要鄙視不幸。往往不幸的生活造就的人才會深刻、嚴謹、堅忍並且執著。

　　很多年輕人也許都心存憤懣，也許都在抱怨命運的不公平，抱怨環境對自己的不利影響，那麼，讀一讀英國著名作家威廉·科貝特（William Cobbett）當年如何學習的事，一定能讓我們停止這類的抱怨。

　　科貝特回憶說：「當我還只是一個每天的薪水僅為 6 便士的士兵時，我就開始學文法了。我床鋪的旁邊，或者是專門為軍人提供的臨時床鋪的旁邊，成了我學習的地方。我的背包也就是我的書包。把一塊木板往膝蓋上一放，就成了我簡易的書桌。在將近一年的時間裡，我沒有為學習而買過任何專門的用具，我沒有錢來買蠟燭或者是燈油，在寒風凜冽的冬夜，除了火堆發出的微弱光線之外，我幾乎沒有任何光源。而且，即便是就著火堆的亮光看書的機會，也只有在我值班時才能得到。為了買一支鋼筆或者是一疊紙，我不得不縮衣節食，從牙縫裡省錢，所以我經常處於半飢半飽的狀態。」

　　「我沒有任何可以自由支配、用來安靜學習的時間，我不得不在室友和戰友的高談闊論、粗魯的玩笑、尖利的口哨聲、大聲的叫罵聲等等各種各樣的喧囂聲中努力靜下心來讀書寫字。要知道，他們中至少有一半以上的人是屬於最沒有思想和教養、最粗魯野蠻、最沒有文化的人。你們能夠

想像嗎？」

「為了一支筆、一瓶墨水或幾張紙我都要付出相當大的代價。用來買筆、買墨水或買紙張的那枚小銅幣似乎都有千鈞之重。要知道，在當時的我看來，那可是一筆大數目啊！當時我的個子已經長得像現在一樣高了，我的身體很健壯，體力充沛，運動量很大。除了食宿免費之外，我們每個人每週還可以得到兩便士的零花錢。我至今仍然清楚地記得這樣一個場面，回想起來簡直就是恍如昨日。」

「有一次，我在市場上買了所有的必需品之後還剩下了半個便士，於是，我決定在第二天早上去買一條鯡魚。當天晚上，我饑腸轆轆地上床了，肚子在不停地咕咕作響，我覺得自己快餓得暈過去了。但是，不幸的事情還在後頭，當我脫下衣服時，我竟然發現那寶貴的半個便士不知道在什麼時候不翼而飛了！我有如五雷轟頂，絕望地把頭埋進發黴的床單和毛毯裡，就像一個孩子般傷心地號啕大哭起來。」

即便是在這樣貧困窘迫的不利環境下，科貝特還是坦然樂觀地面對生活，在逆境中臥薪嚐膽、積蓄力量，堅持不懈地追求著卓越和成功。

科貝特後來成為了著名的作家。艱難的環境不但沒有消磨他的意志，反而成為他不斷前進的動力。他說：「如果我在這樣貧苦的現實中尚且能夠征服艱難、出人頭地的話，那麼在這世界上還有哪個年輕人可以為自己的庸庸碌碌、無所作為找到開脫的藉口呢？」

讀到這裡，你是否感覺到心靈一震？那好，如果你想出人頭地的話，就讓一切藉口和抱怨都隨風去吧！

盧梭和科貝特，出身都貧窮艱難，然而真正傑出的人物，總是能突破逆境，崛起於寒微。艱難的環境既能毀滅人，也能造就人。不過，它毀滅的是懦夫，造就的是偉人！

人生便利貼：有原則地選擇

生活中，有時不好的境遇會不期而至，搞得我們猝不及防。這時我們更要學會放棄。放棄焦躁性急的心理，安然地去等待生活的轉機，讓自己對生活、對人生有一種超然的心態，即使我們達不到這種境界，我們也要學會在放棄中爭取活得灑脫一些。

以下是幾點關於選擇的原則性建議。

■ **放棄完美化的要求，從現實入手**：完美化的思想會讓人產生不切實際的想法：「如果……」「要是……」為了等待這些虛幻的假設，我們就會長時間地陷入內心衝突之中，並因此失去原有的自信。其實，我們面前的目標，不可能都是「最好的」，只有在我們作出努力之後才有可能變成「最好的」。所以，立即行動才是最重要的。

■ **推遲大的決策，增加選擇機會**：有些心理衝突是因為要過早地做出「最終決定」，但是自己掌握的資訊不多，一時難以作出選擇。倘若進一步了解，那時候再作選擇就容易得多。

■ **切斷退路，讓自己別無選擇**：帶來心理衝突的每一個目標（包括雙趨衝突中的目標）對於我們都各有利弊，因此，任何選擇都有其合理的一面。我們通常無法精確衡量得失之間的大與小，與其花太多的精力去作細緻的比較，不如隨機選取其一，專心致志地為之努力，這會使我們獲得更豐厚的回報。

在生活中，我們必須學會放棄，學會可以為了整個森林而放棄一棵樹，這也許便是另一種珍惜。未來是不可知的，而對眼前的這一切，我們還來得及把握，還可以在無限中珍惜這些有限的事物！

▌第七章　樂觀地面對自己的真實人生

人的一生，就像是一次旅行，沿途中既有數不盡的坎坷泥濘，也有看不完的風景。我們既能享受陽光、希望、快樂、幸福……，也要面對黑暗、絕望、憂愁、不幸……。

在面對人生的美麗時，我們都能微笑迎接，可是當我們面對人生那些不可避免的哀愁時，我們會有什麼樣的反應呢？

其實，這更像是在心裡拔河。有時候，我們的心中時常會萌生出一些美好的願望，並按照這美麗的線索，去尋找自己生命的春天。

但是自身的缺陷、怠惰、怯懦等等常束縛著遠行的腳步。為此，總要在內心深處較量一番。而較量的結果大概只有這樣兩種：一種是行動伴著願望一起走，一種是美好的願望枯萎在束縛的泥潭裡。

有兩個女孩，一個叫珍妮，是美國人；另一個叫南茜，是英國人。她們聰明、美麗，但都是身障人士。

珍妮出生時兩隻小腿都沒有腓骨。1 歲時，她的父母做出了充滿勇氣但備受爭議的決定：截去珍妮膝蓋以下的部位。珍妮一直在父母的懷抱和輪椅中生活。後來，她裝上了義肢，憑著驚人的毅力 —— 她現在能跑、能跳舞和滑冰。她經常在女子學校和身障人士會議上演講，還做了模特兒，頻頻成為時裝雜誌的封面女郎。

與珍妮不同的是，南茜並非先天性殘缺。她曾參加英國《每日鏡報》的「夢幻女郎」選美，一舉奪冠。西元 1990 年她赴南斯拉夫旅遊，決定僑居異國。當地內戰期間，她幫助設立難民營，並用做模特兒賺來的錢設立希茜基金會，幫助因戰爭致殘的兒童和孤兒。西元 1993 年 8 月，她在倫敦不幸被一輛警車撞到，造成肋骨斷裂，還失去了左腿。但她沒有被生活的不幸擊垮，她很快就從痛苦中恢復過來，康復後她比以前更加積極地

奔走於車臣共和國、柬埔寨，像黛安娜王妃一樣呼籲禁雷，為身障者爭取權益。

也許是一種緣分，珍妮和南茜在一次會見國際著名義肢專家時相識。她們一見如故，現在情同姐妹。

雖然肢體不全，但她們都不覺得這是多麼了不起的人生憾事，反而覺得這種奇特的人生體驗，給了她們更加堅韌的意志和生命力。她們現在使用著義肢行動自如。只有在坐飛機經過海關檢測，義肢的金屬部分引發警報器鈴聲大作時，才會顯出兩位大美人的腿與眾不同。

只要不掀開遮蓋著膝蓋的裙子，幾乎沒有人能看出兩位美女裝著義肢。她們常受到人們的讚嘆：「你的腿形長得真美，看這曲線、看這腳踝、看這腳指甲塗得多鮮紅！」

珍妮說：「我雖然截去雙腿，但我和世界上任何女性沒有什麼不同。我喜歡打扮，希望自己更有女人味。」

這對姐妹幾乎忘了自己是身障人士。她們沒有時間去自怨自艾，人生在她們眼裡仍然是美好的，她們在人們眼中也是美好的。也有異性追求她們，她們和別的肢體健全的女孩一樣，也有著自己的愛情。

樂觀地面對生命的一切，永遠積極地生活，這就是珍妮與南茜的做事原則和人生態度。

雖然，每個人的人生際遇各不相同，而且命運也並不是對每一個人都很公平，但是相信上帝在關上一到門的同時，也會為你開啟另一扇窗。面對窗外的大地和天空，就看你能不能抬起你的頭，用一雙明亮的眼睛，看穿歲月的風塵尋覓到輝煌燦爛的繁星。先不要說生活怎樣對待你，而是應該問一問自己：你是怎樣看待生活的？

面對人生陰暗時，如果我們的一顆心總是被憂愁、沮喪所覆蓋，乾涸

了心泉、黯淡了目光、失去了生機、喪失了鬥志，我們的人生軌跡豈能美好？而我們又怎麼能成就大事？

　　永遠不要指望靠別人的同情與幫助來獲得成功。就現實的情形而言，悲觀失望者一時的呻吟與哀號，雖然能得到短暫的同情與憐憫，但最終的結果只會是別人的鄙夷與厭煩。

▊人生便利貼：改變你的既定觀念

- **不斷反省自己**：檢討是成功之母。找出自己最大的障礙、限制住的步驟，以及犯過最大的錯誤，推導出原因，加以改善。真正思考的人，從自己的錯誤中汲取的知識比從自己的成就中汲取的知識更多。

- **要有歸零的想法**：歸零就是問你自己：假如我現在重新開始，我會做什麼？在你的行業中要問你自己：假如我要重新開始，我會選擇哪一個行業？歸零不是一年做一次，而是每天要做一次，每一天都要歸零，要問自己：如果我明天要做同樣的事情，我要怎麼去做？

- **替換的方法**：替換方式是當你有了負面內心記憶時，便會自動地勾起正面的內心記憶而取代之。
  第一步，先確認你想改變的行為。
  第二步，在把想要改變的行為畫面建立好後，再建立另一幅你希望的行為畫面。
  第三步，替換這兩個畫面，讓不想要的念頭能自動地勾起想要的念頭。

- **步驟決定結果**：有傑出成就的人能不斷地在心理上和生理上有些

不尋常的做法。如果我們有相同的做法，就能產生相同或類似的結果。但是，這其中還涉及另一個影響因素：那就是做法的實行序列，若序列有變，則產生的結果便會有很大的差異。

■「假裝」可以兌換成真實：如果你想讓自己變得積極進取，有一種方法，那就是「假裝」。當你在心理上假裝擁有某種心境，你就能達成那種狀態。

第八章　學會烹調生活

一位老人的妻子在他退休前不久去世了。他非常悲傷。他每天晚上下班回家後就坐在電視機前，一直看到睡著為止。不過，他的白天過得還不算糟糕，在工廠裡，他是個受人尊敬的品質檢驗員，工作成了他的精神支柱。

然而，現在他退休了，再也沒有工作了。寂寞一下子成了他生活的全部內容。很少有人來拜訪他，甚至很少會有人給他打電話，人們似乎忘記了他的存在。老人迅速地衰老，而他只有 65 歲。

老人的女兒為此焦急萬分。她記得在她母親活著的時候，父親的性情總是開朗，精力總是充沛，好像沒有什麼東西能夠難倒他。可現在……還有什麼東西能夠重新喚起他對生活的興趣呢？

某一個週末，女兒提著一個裝著食品的袋子和一個長方形的禮品小包出現在了父親的面前。

「那是什麼？」他看著那個小包問道，「今天又不是我的生日。」

「這是我給你的禮物，」女兒說，「你老是吃醃肉，我真擔心你會營養失調。」

老人打開了禮物。「食譜？」

「是的，」女兒說，「這是給初學者用的。你喜歡吃的菜肴，比如細麵條、燉菜等，這裡都有。」

女兒走了以後，老人將這本食譜從頭到尾地瀏覽一遍，然後開始認認真真地的閱讀。沒過多久，他就出去買了許多食物。第一次的試驗是做他最喜歡吃的烤肉糕。

根據食譜上提出的要求，他依樣畫葫蘆地做了一遍，竟然做得相當成功。他覺得自己從來沒有吃過這麼好吃的烤肉糕，而且更重要的，這是他親手烹調的！從此，一發而不可收，烹調成了他生活的一種需要。

很快，他不再滿足於僅僅是為自己烹調了。他對自己的烹調技藝已十分自信，認為自己可以在眾人面前露一手了。於是，他開始邀請鄰居和朋友到自己家裡來品嘗，他烹調一道道鮮美的菜肴果然獲得了人們的讚不絕口。

他也經常得到鄰居和朋友們的邀約，這樣，他又結識了許多新朋友。他的客人隨之越來越多，他買了一本又一本的食譜，學會了一道又一道的新菜肴。

烹調重新「烹調」了老人的生活。他不再感到孤獨和寂寞，他又變得開朗、生氣勃勃。生活對於他，又展現出了迷人的魅力。

心理學上有個「漣漪效應」：你在生活中所做出的改變，無論它看上去多麼微不足道，對你有生之年的影響都像一塊石子扔進池塘一樣，產生一圈又一圈的漣漪，一直影響到池塘的邊緣。

對於上面所講的那位老人來說，烹調就是這樣的石子，使老人從寂寞中解脫了出來，為他創造了一種新生活：有了新朋友，也有了新的生活興趣。

人生便利貼：重建良好的飲食習慣

- **制定飲食計畫**：制定一份明智的飲食計畫，並堅持按計畫實行。一日三餐以及兩到三次的少量點心。每次進食之間的時限不要超過 3～4 個小時。

- **把一天的飲食情況寫到日記中**：如果你知道自己是一個飲食無規律者，如肥胖症或者是厭食症，把自己一天中進食時間、地點與內容記錄到日記中。每一天寫一頁，即使事情朝壞的方面發展也不要放棄自己的日記。回過頭來重新審視這些日記，你就可以利用它來確認哪些時段是自己最脆弱的時候。

- **停止暴食**：學會辨識可能導致自己暴食的環境，並想出應對之策，這樣一來你就可以預防暴食。同時，試著把自己的感受告訴你的朋友。

- **停止節食**：學習更多關於健康飲食的知識，特別是關於增加更多纖維質和減少多餘脂肪好處的相關知識。不要限制自己食物的種類，透過努力逐漸地把那些被你捨棄的食物重新納入到你的飲食計畫中，以拓寬你的食物範圍。建立一套健康而有序的飲食規律—使之成為一種生活規律。

- **列出使人分散注意力的活動**：活動應該要是容易進行的、令人自在的，可以使你注意力從吃東西上分散出去，如騎自行車、養花種草、散步或者是運動。

- **挑戰不理性的思想**：你是否認為只有擁有適當體重和良好身材的人才有價值？你是否曾經把自己看成是一位成功者，爾後又把自己視為失敗者？捨棄前後矛盾思想，尋找中間立場。

■ **預料到偶然性的反覆**：不要讓偶然的失控使自己變得意志消沉，
這是進步的一部分。

第九章　困難終會在堅持中度過

西方諺語說：「成功者都是咬緊牙關讓死神害怕的人。」所以，我們要像成功者那樣，咬緊牙關別鬆口。如果連死神都害怕。那麼失敗和挫折就不算什麼了。

有一位只活了 48 歲的作家，從小嚴重癱瘓，只有一隻左腳可以勉強活動，但是他就是憑著這隻左腳寫出了自傳小說《我的左腳》，他就是愛爾蘭作家克里斯蒂・布朗（Christy Brown）。

克里斯蒂・布朗的一生可以說是忍耐且富有挑戰的。他出生於西元 1932 年，罹患了先天腦性麻痺。一直到 5 歲，小布朗還不會說話，頭部、身軀、四肢也都不能活動，父母帶著他四處求醫，可情況始終沒有好轉。最後連家裡人也失去了信心，認為他可能要這樣過一輩子。

此時的布朗毫無意識，直到有一天，躺在床上的小布朗看到妹妹扔下的彩筆，他忽然伸出了自己的左腳把彩筆夾了起來，在牆上亂畫起來。他畫得正起勁的時候，母親走進來，高興地驚叫：「他的左腳還能活動！」

母親沒放過這個微弱的暗示，她堅信只要小布朗的腳能活動，他就能做許多事情。於是，她便開始教布朗寫字。沒想到，第一天，布朗就能用腳寫出三個英文字母。

很快，他就能把 26 個英文字母按順序寫下來。這令全家人感到異常高興。母親不僅讓他學寫字，還讓他看書，為他買來兒童讀物和世界名著。布朗對書產生了濃厚的興趣，如飢似渴地閱讀。

　　也許是母親的堅強感染了布朗，也許是上天可憐這對苦苦掙扎的母子。總之，一段時間以後，小布朗竟然慢慢地能說話了。

　　後來，他向媽媽提出，他想要寫信、做讀書筆記，還想自己寫點什麼。母親有些為難，只有左腳能活動，他怎麼寫呢？小布朗說：「我可以用腳打字呀。」

　　他將自己的左腳高高抬起，大聲地宣布：「我要用它寫，我要成為全世界第一個用腳趾打字的人！」此時的小布朗已經有了忍耐的能力，也具備了挑戰挫折的氣魄。

　　母親也看到了布朗的希望，她相信：總有一天，布朗會以自己的方式獨立生存。母親想方設法替兒子買來了一臺舊打字機。布朗把打字機放在地上，自己半躺在一把高椅上，用左腳按動鍵鈕。

　　剛開始，由於腳趾掌握不好打字的力度，布朗打出的字不是模糊不清，就是把紙打爛了。但布朗一點也不灰心，他像著迷一樣，仍然瘋狂地練習。不管是炎熱的夏天，還是寒冷的冬天，布朗都不曾停止練習。累了，就用左腳趾夾著筆畫畫。

　　年深日久，布朗的左腳趾長出了厚厚的繭。功夫不負有心人，終於，他打出了力度適中、清清楚楚的字，而且還能熟練地給打字機上紙、退紙，還能用左腳趾整理稿件。

　　打字並不是布朗的最終目標，當他學會打字之後，他決心攀登高峰──那就是寫作。他把自己想寫一部小說的想法告訴了母親，這一次，母親猶豫了。母親知道兒子是個有決心、有毅力的人，她也理解兒子的心情，可她知道寫作比學習打字不知要難上多少倍，她擔心兒子一旦失敗會承受不了，她不想讓這個可憐的孩子再受任何傷害，平添痛苦。

　　另外，她也覺得，兒子還是小孩子，沒有多少生活閱歷，有什麼可寫

的呢？於是她勸慰兒子：「孩子，你有雄心壯志，媽媽很高興。但是，人生的道路很曲折，不像你想的那麼簡單，萬一失敗了怎麼辦呢？我看你還是好好休養，讀讀書、畫畫圖，玩玩打字機就行了，不要想得太多了。你現在年紀還小，等以後再說吧！」

這是一個慈祥的母親，她害怕小布朗受到傷害。然而布朗卻異常堅定的對母親說： 「這麼多年我都已經忍過來了。媽媽，人活著就應該有所追求，不是嗎？我雖然是一個身障人士，已經失去了生活的許多樂趣，但是我不能失去自己的夢想。我要讓別人看到，我不是一個累贅，不是一個多餘的人。」母親驚異於布朗的堅忍與成熟，於是全力支持他。

布朗躺在床上，靜靜地回憶著自己的不幸和坎坷經歷，決定把自己的經歷寫下來，告訴那些在不幸中苦苦掙扎的人，告訴那些和他一樣的身障者，要堅強起來，不要屈服於命運的苦難。

這種沉重的苦難浸潤了布朗的身心，卻也積澱了布朗奮起的力量。布朗寫出的小說非常深沉有力量。他完成第一章初稿，就迫不及待地讓母親閱讀、點評。母親一下子被小說主角的痛苦遭遇和堅強性格深深打動，她緊緊把布朗摟在懷裡：「孩子，你是媽媽的驕傲，你一定會成功的！」

有了母親的鼓勵，布朗更加堅定，就這樣，不知寫了多少個日日夜夜，不知道克服了多少常人都難以想像的困難，終於，在 21 歲那年，布朗的第一部自傳小說問世了。他把它取名叫做《我的左腳》布。朗雖然只能用左腳來寫小說，但這並不妨礙他在文學創作的道路上繼續奮鬥。

16 年後，布朗的又一部自傳小說《生不逢辰》（*Down All the Days*）也出版了。這部小說感情真摯、道理深刻、情節動人、語言優美，一出版便震撼了國內外文壇，成了暢銷書，20 多個國家翻譯出版了這本書，有的國家還將它改編成電影。15 年後，在妻子的照顧和幫助下，布朗又先後出

版了三部小說和三部詩集，成為了享譽世界的文學巨擘，成為愛爾蘭人民的驕傲。

　　一個只有左腳可以活動的身障者，卻能成為舉世聞名的大文學家，一個關鍵的能力就是「忍耐」。他能夠在厄運中忍耐下來、在艱辛的奮鬥中堅持下來、在辛苦的耕耘中忍受下來，因此，他成功了。

　　逆境的改變往往產生於再堅持一下的信念之中。生活中，我們常常會遇到困難，只要咬緊牙關，相信困難終會過去，一切都會好起來。

人生便利貼：以積極的行動轉憂為喜

- **盡量讓笑容熱情開朗**：微笑可以振奮精神，但半心半意則不靈。心理學家告誡說：假笑、突然而短暫的笑和皮笑肉不笑，都不能帶來愉快的情緒。正確的是應該從文雅的微笑開始，逐漸發展為熱情而開朗的笑，繼而大笑。如果你一時想不出令你發笑的趣事，可以裝笑。關鍵是用這一技巧使你一天的情緒保持高昂。

- **高聲朗讀也有助於改變情緒**：當你富於表情地朗讀時，可以改變除了悲傷以外所有不愉快的情緒。你可以朗讀馬克・吐溫小說中某些有趣的篇章，或者狄更斯（Charles Dickens）作品中譏諷辛辣的段落。賓州州立大學的一項研究證明：憂鬱症患者透過富有表情的朗讀，能大大改善情緒。

- **放鬆可以減少憂慮或恐懼**：一項標準的身體放鬆術就是讓身體各部位的肌肉做先繃緊再放鬆的運動；另一種辦法是躺在公園的綠蔭深處或鬆軟的沙灘上。這種放鬆能收到立竿見影的效果，如心跳放緩、呼吸減慢、耗氧量降低等。

- **玩遊戲**：玩字謎遊戲或者看一部有趣的電影，能使你掃除鬱悶，

笑顏逐開。

■ **展現你的優勢可以增強自信心**：例如，為尋找工作而接受公司面試，通常會要求你於大庭廣眾之下公開講話。此前，你必須精心裝扮自己。衣冠整齊，自然精神抖擻。研究結果表明，悅人的外表往往有利於尋找工作。更重要的是，這樣能增強你的自信心。

「裝束能夠影響前程」，這是《精神療法的實質》一書的作者、心理學家喬治‧文勃的話。他還說：「假如你意志消沉或萎靡不振，等待你的將是更糟糕的未來。」

▌第十章　享受完滿生活

生活對每個人都賦予了同樣美麗的意義和無窮的快樂，只要你認真地去體會，去感受，哪怕你是一個有缺陷的人，也會同樣擁有完美的生活。

邁克誕生時，雙目失明。醫生說：「他患的是先天性白內障。」他的父親不甘心：「難道你束手無策了嗎？手術也無濟於事了嗎？」

醫生搖搖頭：「直到現在，我們還沒找到治療這種病的方法。」邁克不能看見東西，但是雙親的愛和信心使他的生活過得很豐富。作為一個小孩，他還不知道自己失去的東西。

然而，在他6歲時，發生了他所不能理解的事。一天下午，他正在和另一個孩子玩耍，那個孩子忘了邁克失明，拋了一個球給他：「當心！球要擊中你了！」這個球確實擊中了邁克。此後，在他的一生中再沒有發生過那樣的事了。

邁克雖沒有受傷，但覺得極為疑惑不解。後來他問母親：「比爾怎麼在我之前先知道我將要發生的事？」

　　他母親嘆了一口氣，她所害怕的事終於發生了，現在有必要告訴她的兒子：「你雙眼失明了。」

　　「孩子，坐下。」她很溫柔地說道，同時伸出手去抓住他的一隻手，「我不可能向你解釋清楚，你也不可能理解得清楚，但是讓我努力用這種方式來解釋這件事。」她同情地把他的小手握在手中，開始計算手指頭。

　　「1……2……3……4……5。這些手指頭代表著人的五種感覺。「她講道，同時用她的大拇指和食指順次捏著邁克的每根手指。

　　「這個手指表示聽覺、這個手指表示觸覺、這個手指表示嗅覺、這個手指表示味覺。」她猶豫了一下，又繼續說：「這個手指表示視覺。這五種感覺中的每一種都能把資訊傳送到你的大腦。」她把那表示視覺的手指彎起來，按住，使它處在邁克的手心裡，慢慢地說道：「你和別的孩子不同。因為你只用了四種感覺，並沒有用你的視覺。現在我要給你一樣東西。你站起來。」

　　邁克站起來了。他的母親拿起他的球。「現在，伸出你的手，抓住這個球。」她說。

　　邁克抓住了球。

　　「好，好。」他母親說，「我要你絕不忘記你剛才所做的事，你能用四根手指而不用五根抓住球。如果你從這裡入門，並不斷努力，你也能用四種感覺代替五種感覺，抓住豐富而幸福的生活。」

　　邁克絕不會忘記「用四根手指代替五根手指」的信條，這對他說來意味著希望。每當他由於生理障礙而感到沮喪的時候，他就用這個信條作為自己的座右銘，激勵自己。他發現母親是對的，如果他能應用他所有的四種感覺，他確實能抓住完美的生活。

　　完美生活不一定是完美的人才能感受得到的，只要我們不懈地去努

力，並用心去體會，就能品嘗到生活所賦予的酸、甜、苦、辣等各種生活的滋味，將摻和著百味的人生過得有聲有色，有滋有味！

人生便利貼：克服完美主義的 4 種方法

- **列出其利弊**：列出完美主義的利弊，及其對你的生活的影響，以此來說明完美主義其實對你毫無幫助。
- **確定最後的時限**：對任務進行分析，確定完成它的時間限制。不要說「我要寫封信」，而應說「我有 15 分鐘的時間來寫信，所以要寫得簡潔」。
- **不怕暴露自己的弱點**：向你的親友或家人吐露心聲。你若在某情況下感到不適或緊張，告訴他們，把這當成是一次挑戰。勇敢做普通人，並且勇於承認。
- **欣賞生活中的某個階段**：把精力多集中到生活的進程上而不是結果。不時地停下來，欣賞進程中的某一刻，而不要總是盯著最後的結局。

PART5
擁有一顆感恩的心

　　人的一生總會有各種缺陷，但快樂的人卻不會將這些裝在心裡，他們沒有憂慮。所以，快樂是什麼？快樂就是珍惜已擁有的一切。

　　如果你想生活得快樂，那麼就用感恩的心態，學會知足吧！只有知足，才是尋求快樂的唯一法則。

　　記住感恩，其實你已經很富有。

第一章　感謝生活中的那些荊棘

一個人生活得快樂與否，不在於他是否年輕美貌，也不在於他是否經濟富裕，而在於他是否擁有一種健康的精神狀態，在於是否擁有一顆善於感恩的心。

有些人習慣了抱怨，在抱怨中，對自己的幸福視而不見，一味地放大缺憾，於是內心充滿了怨恨、冷漠、自私和懷疑。這些負面的東西會蒙蔽人的雙眼，讓他們只看見荊棘而看不見身邊盛開的玫瑰；會蒙蔽人的雙耳，讓他們聽不見夜鶯的歌唱；會蒙蔽人的心靈，讓他們感受不到生活饋贈的幸福。

當艾米麗迎著 11 月的寒風推開街邊一家花店大門的時候，她的情緒低落到了極點。一直以來，她都過著一帆風順的愜意生活。但是今年，在她懷孕 4 個月的時候，一場小小的交通意外無情地奪走了她肚子裡的生命，也奪走了她全部的幸福。

這恩節本來就是她的預產期，偏偏就在上個月，她的丈夫又失去了工作。一連串的打擊，令她幾乎要崩潰了。

「感恩節」為什麼感恩呢？為了那個不小心撞了我的粗心司機？還是為救了我一命卻沒有幫我保住孩子的安全氣囊？艾米麗困惑地想著，不知不覺就來到一團鮮花面前。「我想訂花……」艾米麗猶豫著說。

「是感恩節用的嗎？」店員問，接著繼續說道：「我相信，花都是有故事的，在這感恩節裡，你一定要那種能傳遞感激之意的花吧？」

「不」艾米麗脫口而出，「在過去五個月裡，我沒有一件順心的事。」話一說完，她不禁為自己的心直口快感到後悔。「我知道什麼對你最適合了。」店員接過話說。

艾米麗大感驚訝。這時，花店的門鈴響了起來。

「嗨，芭芭拉，我這就去把你訂的東西給你拿來。」店員一邊對進來的女士打招呼，一邊讓艾米麗在此稍候，然後走進了後面一個小工作間裡。沒過多久，當她再一次出來時，懷裡抱了一大堆的綠葉 —— 蝴蝶結和一把又長又多刺的玫瑰花枝 —— 那些玫瑰花被修剪得整整齊齊，只是上面連一朵花也沒有。

「嗯」，艾米麗忍不住開口了，聲音有些結巴：「那女士帶著她的……嗯……她走了，卻沒有拿花！」

「是的。」店員說，「我把花都剪掉了。那就是我們的特別奉獻，我把它叫做感恩節荊刺花束。」

「哦，得了吧，你不是要告訴我居然有人願意花錢買這玩意吧？」艾米麗不理解地大聲說道。

「3 年前，當芭芭拉走進我們花店的時候，感覺就跟你現在一樣，認為生活中沒有什麼值得感恩的。」店員解釋：「當時，她父親剛剛死於癌症，家族事業也搖搖欲墜，兒子在吸毒，她自己也正面臨著一個大手術。我的丈夫也正好是在那年去世的。」店員繼續說：「我一生當中頭一回一個人過感恩節。我沒有孩子，沒有丈夫，沒有家人，也沒有錢去旅遊。」

「那你怎麼辦呢？」艾米麗問。

「我學會了為生命中的荊棘感恩。」店員沉靜地回答，「我過去一直為生活當中美好的事物感恩，卻從沒問過為什麼自己會得到那麼多美好的東西。但是，當厄運降臨的時候，我問了。我花了很長時間才明白，原來黑暗的日子也是非常重要的。我一直都在享受著生活的『花朵』，但是荊棘使我明白了上帝的安慰是多麼的美好。你知道嗎？聖經上說，當我們受苦的時候，上帝安慰了我們。借著上帝的安慰，我們也學會了安慰別人。」

PART5　擁有一顆感恩的心

　　艾米麗屏住呼吸，思索著眼前這位店員的話，猶豫地說：「我想說句心裡話，我不想要什麼安慰，因為我失去了我的孩子，我的丈夫失去了工作，我對上帝感到生氣。」正在這時，又有人走了進來，是一個頭頂光禿的矮胖男人。

　　「我太太讓我來取我們的『感恩節特別奉獻』……12 根帶棘的長枝！」那個叫菲利的男人接過店員從冰箱裡取出來的、用紙巾包紮好的花枝，店員笑著說：「這是給你太太的。」

　　艾米麗難以置信的問男人：「如果你不介意的話，我想知道你太太為什麼想要這個東西？」

　　「我不介意……我很高興你這樣問。」菲利回答說：「4 年前，我和我太太差一點就要離婚了。在結婚 40 多年後，我們的婚姻陷入了僵局。但是，靠著上帝的恩典和指引，我們總算把問題解決了。我們又和好如初。這裡的店員告訴我們，為了讓自己牢記在『荊棘時刻』裡學到的功課，她總是擺著一瓶子的玫瑰花枝。這正合人意，因此就買了些帶回家。

　　「我和我太太決定把我們的問題都寫在標籤上，然後把它們一一貼在這些花枝上。一根花枝代表一個問題，然後我們就為我們從這些問題上所學到的功課而感恩。」

　　「我誠摯向你推薦這一特別奉獻！」菲利一邊付錢，一邊對艾米麗說。

　　「我實在不知道我能夠為我生命中的荊棘感恩。」艾米麗對店員說，「這有點不可思議。」

　　「嗯。」店員小心翼翼地說：「我的經驗告訴我，荊棘能夠把玫瑰襯托得更加寶貴。人在遇到麻煩的時候會更加珍惜上帝的慈愛和幫助，我和菲利夫婦都是這麼過來的。因此，不要惱恨荊棘。」

　　眼淚從艾米麗的臉龐滑落，她拋開她的怨恨，哽咽道：「我要買下 12 枝帶刺的花枝，該付多錢？」

　　「不要錢」，你只要答應我把你內心的傷口治好就行了。這裡所有顧客第一年的特別奉獻都是由我送的。」店員微笑著遞給艾米麗一張卡片，說道：「我會把這張卡片附在你的禮品上，不過或許你可以先看看。」

　　艾米麗打開卡片，上面寫著：「我的上帝啊！我曾無數次地為我生命中的玫瑰而感謝過你，但我卻從來沒有為我生命中的荊棘而感謝過您。透過我的眼淚，幫助我看到那更加明亮的彩虹……」眼淚再一次從艾米麗的臉頰滑落。

　　當生活賜予你災難時，請把它當作襯托玫瑰的荊棘，正因為有了它們，當幸福降臨時才會更加珍惜。面對生活中的荊棘，我們仍然要感恩 —— 因為活著就已經是一種幸福了。

人生便利貼：學會感恩

> 感恩傷害你的人，因為他磨練了你的心態；
>
> 感恩絆倒你的人，因為他強化了你的雙腿；
>
> 感恩欺騙你的人，因為他增強了你的智慧；
>
> 感恩藐視你的人，因為他叫醒了你的尊嚴；
>
> 感恩遺棄你的人，因為他教會了你該獨立；
>
> 感恩失敗，因為他使你成為一個有故事的人；
>
> 感恩成功，因為他使你生活充滿精彩、寫滿美麗；
>
> 感恩掌聲和鼓勵，因為他給你更大的勇氣和能量；
>
> 感恩機智和鼓勵，因為他警醒了自知和自明；
>
> 凡事感恩，學會感恩；

感恩一切造就了你的人；

感恩一切使你成長的人；

路的魅力在於彎曲，

人生的美麗在於你經歷曲折之後。

▎第二章　母愛從來未求回報

當你 1 歲時，她餵你吃奶並為你洗澡，而你哭鬧整晚；

當你 3 歲時，她憐愛地為你做飯，而你把她做的菜扔在地上；

當你 4 歲時，她買了彩色筆給你，而你畫了滿牆的抽象畫；

當你 5 歲時，她買了漂亮的衣服給你，而你穿著它到泥坑裡玩耍；

當你 7 歲時，她買了球給你，而你用球打破了鄰居的玻璃；

當你 9 歲時，她付了很多錢讓你學鋼琴，而你常常曠課不去練習；

當你11 歲時，她陪你和你的朋友們去看電影，而你要她坐到另一排；

當你13 歲時，她建議你修剪亂髮，而你說她不懂現在的時髦髮型；

當你14 歲時，她幫你付了夏令營費，而你整整一個月都沒有消息；

當你15 歲時，她下班回家想擁抱你一下，而你轉身進屋把門鎖上；

當你18 歲時，她為你高中畢業感動得流下眼淚，而你卻聚會到天亮；

當你19 歲時，她為你付學費並送你到學校，而你要求她將車停遠點；

當你20 歲時，她問你整天去哪裡，而你回：我不想跟妳一樣；

當你23 歲時，她為你布置你的新家，而你說她買的家具真糟糕；

當你30 歲時，她提出育兒建議，而你對她說：媽，時代不同了；

當你40 歲時，她生日打電話給你，而你回：媽，我很忙沒時間；

當你50 歲時，她患病需要你的照顧，而你卻為你的兒女在外奔波；

終於有一天，她去世了，你突然想起了所有從來沒做過的事，它們像榔頭般痛擊著你的心。

伊索說，當愛堆積起來時，可能就是一座山。

小彼得是一個商人的兒子，經常到他爸爸做生意的商店裡去看看。店裡每天都有一些收款和付款的帳單要處理，彼得往往收到囑咐把這些帳單送到郵局寄出。他漸漸覺得自己似乎也成了一個小商人。

有一次，他忽然想出了一個主意：也開一張收款帳單寄給他媽媽，索取他每天幫媽媽做家事的報酬。

某天，媽媽發現在她的餐盤旁邊放著一份帳單，上面寫著：母親欠她兒子彼得的款項如下：

✧ 帶回生活用品 —— 20 芬尼

✧ 把信件送往郵局 —— 10 芬尼

✧ 在花園裡幫助大人幹活 —— 20 芬尼

✧ 他一直是個聽話的好孩子 —— 10 芬尼

✧ 共計：60 芬尼

彼得的母親收下了這份帳單並仔細地看了一遍，她什麼話也沒有說。

晚上，小彼得在他的餐盤旁邊找到了他索取的 60 芬尼的報酬。正當小彼得如願以償，要把這筆錢收進自己口袋時，突然發現在餐盤旁邊還放著一份給他的帳單。

他把帳單展開讀了起來 ——

彼得欠他母親的款項如下：

✧ 他在家裡過的十年幸福生活 —— 0 芬尼

✧ 他 10 年中的吃喝 —— 0 芬尼

✧ 在他生病時的護理 —— 0 芬尼

✧ 他一直有個慈愛的母親 —— 0 芬尼

✧ 共計：0 芬尼

小彼得讀著讀著，感到羞愧萬分！過了一會兒，他懷著一顆怦怦直跳的心躡手躡腳地走近母親，將小臉蛋藏進了媽媽的懷裡，小心翼翼地把那60 芬尼塞進了她的圍裙口袋。

在幾乎一切商品化和貨幣化的今天，愛價值多少？母親為兒子多年所做的一切她只要 0 芬尼，因為母愛從來沒有要求過回報。愛是無價之寶，金錢不足以表現它的特性，因為愛是不可替代的。

如果母親仍健在，那麼別忘了比以往任何時候都要更深地愛著她。

人生便利貼：如何照顧好親人

■ **靈活機動**：當你看到自己的親人用勺子而不是刀叉來吃東西；當你看到他或她用尿壺而不去廁所，不管這種情況讓你多麼的心煩意亂，盡自己最大的努力去接受這些改變，而不要刻意地進行抵觸。

■ **鼓勵獨立性**：人們自己能夠自理的時間越長，他們的自尊也就越強。提供幫助，但盡量不要越俎代庖。

■ **共同承擔責任**：如果自己家庭中的其他成員並沒有負起他們應負的責任，你就有可能產生不滿情緒。你必須理直氣壯地要求並申明自己需要休息。

■ **保護好自己的興趣愛好**：保留一種除家庭之外的興趣愛好，以便從日常家務中分身出來，要與朋友保持聯繫。

■ **休憩**：對於你和你正在照顧的人來說，休息都是非常重要的。你

必須確保正常的休息日及每年至少兩周的假期。安排好休息時間，找別人來頂替自己。

■ **與親近的人談心**：盡量不要把自己的情感封閉起來，而是要與親近的人分享。

第三章　對生活要心存感激

當你面對困難，不要埋怨，每一個人、每一件事都有值得你感激的地方，失敗了並不代表永遠沒有機會，當你心存感激，你會發現，就是困難讓你變得堅強，促使你走向成功。

史蒂文斯失業了，一切來得那麼突然，他甚至從未謀劃過退路。

他是個程式設計師，最愜意的事就是盯著一行行程式語言從自己的指尖流淌出來，然後讓冰冷的電腦歡快地運轉。在軟體公司做了 8 年，他一直以為將在這裡做到退休，然後拿著豐厚的退休金頤養天年。

然而，那是一個軟體業的戰國時代，每天都有新的公司誕生，也有舊的公司消失。那一年，公司倒閉。

史蒂文斯的第三個兒子剛剛降生，他感謝上帝的恩賜，同時意識到，找工作迫在眉睫。作為丈夫和父親，他覺得自己存在的最大意義，就是讓妻子和孩子們過得更好。

他的生活開始凌亂不堪，每天的任務就是找工作。一個月過去了，他沒找到工作。除了程式設計，他一無所長。

終於，他在報上看到，有一家軟體公司要招聘程式設計師，待遇不錯。史蒂文斯揣著資料，滿懷希望地趕到公司。應聘人數之多超乎想像，很明顯，競爭將會異常激烈。他受到了熱情接待，經過簡單交談，公司通

知他一個星期之後參加筆試。

憑著過硬的專業知識，筆試中，史蒂文斯輕鬆過關，兩天後參加面試。他對自己 8 年的工作經驗無比自信，堅信面試不會有太大的麻煩。然而，考官的問題讓他措手不及，是關於軟體業未來的發展方向。這些問題，他從未認真思考過，落聘是意料之中的。

回家後，史蒂文斯認真總結教訓。公司對軟體業的全新理解，令他耳目一新、印象深刻。雖然應聘失敗，可他感覺收穫不小，有必要給公司寫封信，以表感謝之情。於是立即提筆寫信：貴公司花費人力、物力，為我提供了筆試、面試的機會。雖然落聘，但透過應聘使我大長見識，獲益匪淺。感謝你們為之付出的勞動，謝謝！

這是一封奇特的信，落聘的人沒有不滿，毫無怨言，竟然還給公司寫來感謝信，真是聞所未聞。這封信被層層上遞，最後送到總裁的辦公桌上。總裁看了信後，一言不發，把它鎖進抽屜。

過了三個月，新年即將來臨，史蒂文斯仍然失業在家。這天，他收到一張精美的新年賀卡，上面寫著：尊敬的史蒂文斯先生，如果您願意，請和我們共度新年。祝您新年快樂！賀卡是他上次應聘的公司寄來的。原來，公司上次招聘的一個員工跳槽，出現空缺，他們不約而同想到了史蒂文斯。

那家公司現在聞名世界 —— 美國微軟公司。十幾年後，憑著出色的業績，史蒂文斯一直做到了副總裁。

以感恩的心態面對一切，包括失敗，你會發現，人生其實很精彩。

無論情況好壞都要抱著積極的心態，不要讓沮喪取代熱情，生命可以價值很高也可以一無是處，隨你怎麼選擇。看不到將來的希望，就激發不出現在的動力，消極的心態會摧毀人們的信心，使希望消失。

人生便利貼：應聘時必備的 3 個心態

　　求職者一旦具備了良好心態，就會在面試時精神飽滿、意氣風發，充滿自信，講起話來語意肯定、語氣懇切，操縱言辭得心應手、侃侃而談，從而為成功應聘打下良好的基礎。

■ **積極進取的心態**：有積極進取心態的求職者，總是把每個面試機會看成是千載難逢的好機會，是新的成功在向你招手。於是，能在面試前認真做準備：打電話、查資料去模擬，對每一個可能的問題細節都仔細思考一番，在面試時就可能有正常或超常的發揮。

　　有這種積極心態的人，不怕負面消息的干擾：「你還是多考慮一下吧！這工作不見得適合你」、「你這不是大材小用了嗎」、「再等等，也許還有更好的職位呢」等等，找工作其實是找機會，而機遇從來不是垂手可得的，有的機遇往往是稍縱即逝，你不去捕捉，定會失去良機。

■ **雙向選擇的心態**：你去求職應聘參加面試，不是命運操在對方手裡，而是命運在自己手上。的確，從空缺職位來看，你是在接受審查，看你的條件是否符合招聘的要求。不過，換個角度來看，招聘公司和面試官同時也在被你審查，看看他們給的條件能不能吸引你。雙向選擇嘛，你考察我，我還考察你呢！一有了這種心態，你在精神上就占了上風（但不可趾高氣揚），以沉著、穩健的氣勢面對面試官一連串的問題，自然能表現出一種不卑不亢的態度。

　　其次，面試時別高估了對方答應的條件，特別是對方表示接納你

的意思時，不要高興得沖昏了頭腦一心想我先上班再說，不行我再跳槽不遲—這可就不太嚴肅了。

還是要按捺住情緒，以沉穩的語氣說話。看情況也可以採用「輕處理」法，即「我很高興這次面試。回去以後我再考慮一下，儘快答覆您什麼時候來報到（或簽約）。」這種表現會給公司一個良好的印象。

■ **輸得起的心態**：面試時如果有了不怕挫折、不怕失敗，本人輸得起的心態，那就會大大增強面試的信心，講起話來有板有眼、理直氣壯地介紹自己，就是遇到比自己強的競爭者，你也不會自慚形穢，而是抱著一種「一山還比一山高」、「我也要成為他那樣的人」的積極心態來對待。

總之，經不起挫折，輸不起的人才是真正的失敗者。有了這種輸得起的思想準備，你就會一試再試，終會找到比較心儀的工作。

▋第四章　世界上最偉大的法則就是工作

在這個世界上，投機取巧是永遠不會到達成功之路的，偷懶和抱怨更是永遠沒有出頭之日。

「你為什麼不想去上學？」15 歲的兒子查理厭學，格雷先生詫異。查理回答說：「我太討厭讀書了，再說，讀書有什麼用？」

「你覺得自己懂的東西足夠多了嗎？」格雷先生質問。

「我懂的東西，絕不比喬治 · 裡曼少，他三個月前退學了。他說他再也不來上學了，他爸爸有的是錢。」

查理準備出門，格雷先生說：「你等等，聽我說，如果你不願意讀

書，可以不讀，但是你要明白一件事——不去讀書，就得去工作，無所事事的兒子我不養。」

　　第二天早上，格雷先生帶查理去參觀了一所監獄。在那裡，格雷先生與以前的同學見了面——他是一名囚犯。格雷先生對他說：「見到你很高興，哈默先生，但是我很遺憾在這裡見到你。」

　　「你的遺憾不會比我的後悔更多。」哈默先生看著查理，對格雷先生說，「我想這是你的孩子吧。」

　　「是的，這是我的大兒子查理。他現在的年紀，和我們一起上學的時候差不多。那些日子你還記得嗎，約翰？」

　　「我倒巴不得忘記呢，威廉！」哈默先生感嘆道，「有時候我真希望那只是一場夢。可是每天早晨醒來，我都發現那些事情是真的。」

　　「當時是怎麼回事？」格雷先生問，「我最後一次見到你時，你好像過得不錯，比我好得多。」

　　「整件事情很簡單，」那囚犯回答說，「我遊手好閒，和壞人混在一起。我不想讀書，我認為富人的孩子用不著學習。我父親死後給我留下了一大筆財產，但沒有一分是我自己掙來的，我一點都不會賺錢，也不心疼錢。一天早上醒來，我發現自己已經一無所有了，比最窮的小職員還窮。要活下去，必須有錢，我不想工作，又想弄到錢，結果就不用說了。」

　　哈默被看守人員叫回去幹活，格雷先生問看守人員：「這些囚犯有多少人受過職業訓練，可以用正當的手段謀生？」

　　「10個裡面找不到1個。」看守人員回答。

　　「查理，當我告訴你必須像其他孩子一樣工作時，你很吃驚，」在回家的路上，格雷先生說，「這次來到監獄就是我的回答。大家都認為我是個有錢人，我確實也是有錢人，我能為你提供最好的機會使你變得聰明懂

事。但是，無論現在還是將來，我的財富都不能讓你遊手好閒地生活下去。很多做父親的，在經歷了種種挫折之後，才意識到讓孩子遊手好閒是多麼可怕的事！」

查理沉思了片刻，說：「我星期一還是去上學吧！「

在整個宇宙中，除了人，不存在其他任何遊手好閒的角色，所有事物都根據自身的規律永不休止地運行著。「世界上最偉大的法則就是工作，」左拉（Émile Zola）說，「工作使有機的事物緩慢且有條不紊地朝著自己的目標前進。」

生活沒有其他含義，這就是自然的法則，任何事物一旦離開運作，就一定會停滯。如果我們不再使用某種器官，它就會開始衰退。只有投入能使用的東西，大自然才會賦予它們力量，那也是我們唯一能支配的東西。

人生便利貼：演好你的角色

演好你的角色，不要小看任何一件簡單的事情，不管是別人做的，還是自己做的。堅持下來，你會發現，很多看似簡單的事情其實不簡單。

演好你的角色，試著向自己認為極其困難、要完成它難於登天的事情發起挑戰。

還有，你是否有時會有意志消沉的時候呢？是不是可以試著在每天疲倦回家後大聲的對自己說：「忙了一天，我今天很痛快！」

有人說，凡事堅持，必有好處！而我們每個人的生活，都可以是一部巨作，作為主演的你，如何來詮釋你那個獨一無二的角色，其實，積極的心態要比演技更重要。

▎第五章　發現的祕密

「一沙一世界，一花一天堂」。天地間沒有無意義的事物，只有無意義的頭腦和眼光。在富有愛心的智者心中，一切都是造物主絕妙的安排和精美的禮物。

很多年以前，一位父親在他所生活的城市打了一場莫名其妙的官司，他知道如果坐在家中，將難免牢獄之災，於是帶著 3 歲的兒子踏上了逃亡之路。

幾年後，他們在中國西北邊陲地廣人稀的沙漠地帶停留下來，改名換姓成為一個小村莊的居民。又過了一些年，逃亡的父親死去，兒子長大成人，成為當地的一個農民。這位逃亡者的兒子並不知道自己的身世和過去，因為父親什麼也沒告訴過他。

奇怪的是，在村子中許多同齡人都紛紛外出打工，到城市中尋找財富和前程的時候，他卻留了下來，整天扛著一把鐵鍬，在村外的荒地和沙丘上轉來轉去，有時甚至幾天不歸，或者乾脆在寂靜無人的田野中搭個草棚住下來。

有時在村裡，人們也會看到他的怪異，他常常對著一棵樹看半天，有時又對著一群螞蟻喃喃自語，甚至連雞和狗交配這種事，他也毫不避諱、一副痴迷的樣子從頭看到尾。村人說，這孩子肯定是在野地裡中了邪，不然怎會成了怪人？

可這個怪人不但看，還把看到的東西寫在本子上，有時還畫成圖。有年夏季，一位孤身旅行的女作家在沙漠中發現了他，並讀了他寫的東西。不久後，他那些怪異的文字在一本雜誌上刊登出來，又被許多報刊轉載。逃亡者的兒子一舉成名，轟動文壇。

後來，逃亡者的兒子還是知道了自己的身世，並以名作家的身分，被

159

他出生的那座大都市邀請了回去，成了都市中的一員。

　　直到許多年後，他人到老年時，每當回首往事，他仍對那場命運的特殊安排心懷感激。當有人問他：「你是怎樣在常人看來毫無意義的事物中發現那麼多趣味和奧祕的呢？」

　　他的回答只有一個字：「愛。」

　　因此，任何人都沒有理由抱怨命運和環境，只要你得到了發現的祕訣，並善於運用它，你也一樣可以打開通向另一個神奇世界的門。

人生便利貼：用愛感受生活

　　生活猶如一池平靜的湖水，偶爾飛來一塊小石頭，蕩漾起一道道波紋。讓我們抓住這一瞬間，用愛感受生活的美好、用愛觀賞美麗的景色、用愛傾聽悅耳的音樂

　　用愛感受生活，你就會發現，愛就在你身邊，愛是永恆的主題。朋友之間不是存在著一種愛嗎？親人之間不是存在著愛嗎？摔倒時，朋友的一次攙扶；生病時，朋友的問候聲；節日時，互贈賀卡，這全是愛的表現。

　　愛，是無處不在的，它就像空氣一般，能穿越全世界。有了愛，我們的生活不再單調枯燥了。

　　用愛感受生活，你就會發現困難其實是充滿樂趣的。生活中不可能事事順心，總為這些不如人意的事情生氣，與自己過不去，這又何必呢？感受生活，你試一試從另外一個角度去看待這件事，用享受的心態去接受它。或許這樣，生活就會少了許多的不愉快，而且還會多出許多歡喜呢。

　　不管你現在的心情怎樣，請看看你的生活是否少了溫情、浪漫、

夢想和自在呢？如果是，請感受生活，你就會發現你並沒有缺少它們，你就是世上最幸福的人了。

第六章　吹散「過去」的陰影

　　一個人究竟能不能在今後的事業和生活中有所創造、有所突破，在很大程度上，都取決於他是否真正能身心輕鬆地永遠朝前看，而不是總掉頭往回看。

　　過去的光榮還是痛苦都已經隨著時間融入了世俗，留下的只是一種經歷，不是炫人的資本，也不是苦難的家史。因此，也就沒有必要總惦記著。無論過去是什麼，都不要成為你的陰影，唯有這樣，你才能更好地規劃自己的人生。

　　那一年，葉賽寧的丈夫不幸去世了，更悲慘的是，當時的葉賽寧已經窮得身無分文。雙重打擊使得她非常煩惱、頹廢。她只能靠向學校推銷世界百科全書來維持自己的生活。

　　這樣的日子已經持續一段時間了。兩年前，為了給丈夫治病，葉賽寧把汽車賣了。沒有一技之長的她只能選擇出去推銷書。

　　丈夫的去世對葉賽寧來說是悲痛的，她想用工作來緩解這種痛苦，她以為自己可以從頹喪中解脫出來。可事實並不像她想像得那樣。總是一個人開車、一個人吃飯，這讓和丈夫感情很好的她實在無法忍受。

　　有些地方根本就推銷不出書，所以，即使分期付款買車的款項數目不大，也讓她很難按時支付。生活讓她疲於奔波，而無法排解的孤寂和痛苦更像一根繩子，緊緊捆綁著她的身心。

　　日子在煎熬中過去了，生活看起來沒有絲毫的好轉。第二年春天，葉

PART5　擁有一顆感恩的心

賽寧在密蘇里州韋沙里市推銷圖書。那裡的學校很窮，路又很不好走，她一個人孤獨又沮喪，甚至想到了自殺。

她感到丈夫的離開，帶走了自己所有的快樂，甚至包括生活的勇氣。每天早上，她都害怕起床，不敢面對生活。她陷入了深深的恐懼之中：怕付不了分期付款、怕付不起房租、怕東西不夠吃、怕把身體搞垮沒有錢看病……。深陷過去的葉賽寧就像被惡魔纏身一樣。

她沒有選擇自殺的唯一原因就是擔心她的姐姐會因此而悲傷，並且還沒有多餘的錢來為她支付喪葬費。葉賽寧的生活一團糟，精神也即將崩潰。

但好在葉賽寧最後堅持過來了。一天，她讀了一篇文章中有這樣一句令人振奮的話：「對於一個聰明人來說，每天都是一個新的生命。」這句話就像一聲炸雷，把葉賽寧從痛苦的噩夢中叫醒了。

葉賽寧把這句話寫下來貼在汽車的擋風玻璃上，這樣，她開車的時候就可以隨時看到。這句話也讓她開始反思自己，開始重新鼓起對生活的勇氣。她很快就發現，活一天並不困難，她也慢慢地學會了忘記過去，考慮未來。每天清晨她都對自己說：「今天又是一個新的生命。「

葉賽寧的改變是明顯的。她每天都按時起床，愉快地準備開始一天的工作，準備自己喜歡吃的午餐，閱讀一些長時間以來一直想看的書，甚至開始回到朋友們的身邊。

成功地克服了對過去的痛苦記憶，以及自己對孤寂和需求的恐懼，葉賽寧整個人都非常快活，事業上也還算成功，對生命也充滿了熱忱和愛。

到現在她才真正知道，在生活中，無論遇上什麼都不要害怕：不懼怕過去，更不要被過去的痛苦淹沒。只要活一天，就要享受一天，因為「對於一個聰明人來說，每天都是一個新的生命」。

在一個人的某一段生命歷程中，遭遇挫折和光榮成功是很可能成為人生前進的強勁推力，但如果總是沉溺於過去，那就可能成為阻礙，還會消磨前進的信心。

把昨天的陰影拋到腦後，把每天都當成一個新的開始，注意調整和保持一種良好健康的心態，這便是做人的成功。若能以這種心態去成就事業和面對人生，必定能獲得更大的豐收。

▌人生便利貼：3 點小建議培養出正向人生觀

一些日常鍛鍊方法能培養出我們樂觀積極的人生觀。西元 2008 年 9 月 8 日的《洛杉磯時報》網站上，心理學家丹・貝克就此提出 3 點建議：

- 每天起床、午飯前、晚上入睡前，想想讓你充滿感激之情或倍感溫馨的人或事物─比如以前的老師、鄰居、父母或朋友。
- 善待他人。給朋友打個電話或者發封信件，為慈善捐贈些物品。
- 克服負面的自我暗示。多想想即將到來的快樂事─比如將要出生的嬰兒或是節日當天的家族聚會。

▌第七章　其實，你已經很富有

有一位青年，老是埋怨自己時運不濟，發不了財，終日愁眉不展。這一天，走過來一個鬚髮皆白的老人，問：「年輕人，為什麼不快樂？」

「我不明白，為什麼我總是這麼窮。」

「窮？你很富有啊！」老人由衷地說。

「這從何說起？」年輕人問。

PART5　擁有一顆感恩的心

　　老人反問道：「假如現在砍掉你一個手指頭，給你一千元，你要不要？」

　　「不要。」年輕人回答。

　　「假如砍掉你一隻手，給你一萬元，你要不要？」

　　「不要。」

　　「假如讓你雙眼失明，給你十萬元，你要不要？」

　　「不要。」

　　「假如讓你馬上變成八十歲的老人，給你一百萬，你要不要？」

　　「不要。」

　　「假如讓你馬上死掉，給你一千萬，你要不要？」

　　「不要。」

　　「這就對了，你已經擁有超過一千萬的財富，為什麼還哀嘆自己貧窮呢？」老人笑吟吟地問道。

　　青年錯愕，突然什麼都明白了。

　　請看看社會上，有哪一樣正當的工作，不是對別人施恩的？農夫讓人人有稻米、麵、蔬菜、水果吃；工匠讓人人有衣鞋穿、有物品用、有房屋住、有路走、有車開、有船渡、有飛機搭。

　　學者讓人人有書讀、有知識學；醫生和護士讓人人在生、老、病、傷、死時有所依靠；科學家、發明家和工程師，讓人人過上省力又舒適的生活；商人讓人人便利地獲取生活必需的物資和服務；教師讓人人在人生早期學到求生基礎的技能。

　　軍人、員警、法官、律師、獄卒，讓人人有安定的日子過；藝術家讓人人有機會踏上物質外的精神旅程。對於這些充分滿足我們日常需求的各行專家、各行人物，我們能不心懷感恩嗎？假使沒有他們，只有我，日子

該怎麼過？

再放眼看看大自然，如果沒有粗陋卑微的沙石，哪來平滑的道路、壯觀的橋樑、華麗的高樓？如果沒有長相拙樸的小草，哪來一片片翠碧的原野，讓人感覺胸襟曠達？如果沒有山的陡峭和谷的低窪，哪來自然界的凹凸不平變化景致？

如果沒有海的深、地的闊、天的空、星際的浩瀚，哪來萬物奧祕引人遐思和驚嘆？如果沒有郁郁青青的樹木，哪來蔭涼的大地、空氣的芬芳、豐沛的雨水、甜香的果實、養眼的美景、種種家具物品的原料？

如果沒有陽光的照射，哪來炙熱的火苗、動物的體溫、明亮的白晝？如果沒有皎潔的明月，哪來詩情畫意的黑夜、離家遊子鄉思情懷的慰藉、藝術家創作的靈感？

如果沒有窗外的鳥鳴雞啼，哪來人到老時還有生蹦活跳的孩提記憶？如果沒有天上的空氣、地下的泥土、穿透臭氧層過濾的日光、從天飄降至地的雨水、蚯蚓的鬆土、農夫和園丁的墾拓，哪來盈滿大地的五穀雜糧、蔬菜水果、森林樹木、鮮花綠葉？

如果沒有大象的沉穩、長頸鹿的高聳、老虎的凶惡、獅子的雄威、犀牛的狂野、袋鼠的跳躍、熊的壯碩、馬的靈巧、牛的敦厚、蛇的狡黠、兔的敏銳、狗的忠誠、貓的依偎撒嬌、鳥的飛翔、魚的悠遊……所有形形色色動物的陪伴，世間哪來多姿多彩的風情？對這些豐富我們生命內容的萬物萬象，我們能不心生感恩嗎？假使沒有它們，只有我，人生會是什麼模樣？

因此，凡事應感恩。人的一生固然會有各種各樣的缺陷，但快樂的人卻不會將這些裝在心裡，他們沒有憂慮。所以，快樂是什麼？快樂就是珍惜自己擁有的一切。如果你想生活得快樂，那麼就用感恩的心態，學會知足吧！只有知足，才是尋求快樂的唯一法則，記住感恩，其實你已經很富有。

人生便利貼：人生應懂得知足與感恩

如果今天你是健康的沒有病痛，那麼本週你比熬不過病痛的 100 萬人幸運。

如果你從來沒有體會過戰爭的危險、監禁的孤獨、嚴刑的殘酷、飢餓的痛苦，那麼你比全世界 5 億人幸福。

如果你能安然前往教堂而未被跟蹤、綁架、拷打或者暗殺、那麼你比全球 3 億人自由。

如果你衣食無憂、居有定所，那麼你的生活水準高於全世界75% 的人。

如果你銀行中有儲蓄、錢包裡有鈔票、存錢罐裡有零錢，那麼你就是整個世界中 8% 生活優越的人。

如果你的父母健在、家庭和睦，那麼你很特別。

如果你面帶微笑，對所有人都懷有一顆感恩的心，那麼你是幸福的，因為多數人沒有這麼做。

如果你能閱讀這篇文章，那麼你比全球 20 億的文盲幸運。

第八章　感謝我們的雙親

那晚，佳芬跟媽媽吵架之後什麼都沒帶，就獨自往外跑。可是，走了一段路，佳芬發現，她竟然一毛錢都沒帶在身上，連打電話的硬幣也沒有！她走著走著肚子餓了，看到前面有個麵攤，香噴噴的味道飄來，好想吃！可是，她沒錢！

過一陣子後，麵攤老闆看到佳芬久久沒離去，就問：「女孩，請問你是不是要吃麵？」

「可是……可是我忘了帶錢。」佳芬不好意思地回答。

麵攤老闆熱心地說：「沒關係，我可以請你吃。」

不久，老闆端來麵和一些小菜。佳芬吃了幾口，竟然掉下眼淚來。

「女孩，你怎麼了？」老闆問。

「沒有什麼，我只是很感激！」佳芬擦著淚水，對老闆說道：「你是陌生人，我們又不認識，只不過在路上看到我，就對我這麼好，願意煮麵給我吃！可是……我自己的媽媽，我跟她吵架，她竟然把我趕出來，還叫我不要再回去！」

「你是陌生人都能對我這麼好，而我自己的媽媽，竟然對我這麼絕情！」

老闆聽了，委婉地說道：「女孩，你怎麼會這樣想呢！你想想看，我不過煮一碗麵給你吃，你就這麼感激我，那你自己的媽媽，煮了十多年的麵和飯給你吃，你怎麼不會感激她呢？你怎麼還要跟她吵架？」

佳芬一聽，整個人愣住了！

是呀！陌生人的一碗麵，我都那麼感激，而我媽一個人辛苦地扶養我，也煮了20多年的麵和飯給我吃，我怎麼沒有感激她呢？而且，只為了小小的事，就和媽媽大吵一架。

匆匆吃完麵後，佳芬鼓起勇氣回家，她好想真心地對母親說：「媽，對不起，我錯了！」

當佳芬走到巷口時，看到疲憊、著急的母親在四處地張望。看到佳芬時，媽媽就先開口說：「阿芬呀，趕快回去吧！我飯都已經煮好，你再不回去吃，菜都涼了！」

此時，佳芬的眼淚，又不爭氣地掉了下來。

有時候，我們會對別人給予的小恩小惠感激不盡，卻對親人、父母的

一輩子恩情視而不見。

　　親情是這宇宙間最無私的情感。親情是岳飛的母親滿懷期望地在其背上刻下的「精忠報國」；是孟子的母親為其更好的成長而費盡心思地「三遷」；是朱自清的父親翻越柵欄時留下的那個蹣跚的背影……。

　　親情就這樣無所不在，它容忍著人們的遺忘和理所當然。我們就這樣享受著父母給予的愛，固執地霸占著，剝奪了他們的青春。將他們的辛勞變成我們飽腹蔽體的物品，用他們的蒼老換來了我們朝氣的青春，還常常去抱怨他們的忠言、抱怨他們的諄諄教誨。

　　想想看，只有等到我們身為父母，只有等到自己養兒育女的那一天，才會了解為人父母的那種心情，那種蔣雯麗所描述的「當我第一眼看見他（她的孩子）時，就恨不得把全世界所有美好的東西都捧到他的跟前」的感覺。

　　也許，生活的步履過於匆忙使我們忘記了對身邊的親人說一些感激的隻言片語，往往等到我們覺察到時已經後悔莫及。

　　現在，不妨讓我們停下腳步，懷著一顆感恩的心，對他們說一聲感謝：感謝他們把我們帶到這個世間、感謝他們培育我們健康成長、感謝他們讓我們得到這世間一切美好的東西。

人生便利貼：如何與父母進行有效協商

- **要有禮貌並表明自己的意願**：把「請」字掛在嘴上，有禮貌地講話或在家裡面做一些小事情，這樣會增加你獲得想要的東西的機會。
- **不要試圖去改變這個世界**：首先要求的應是一些小的改變。
- **真誠地表達你的情感**：與你的父母討論你們可能會彼此激怒對方

的情況。尊重他們的觀點，做好取捨的準備。

- **想出解決問題的方法**：提出解決衝突的方法，讓你的父母自行決定。
- **了解他們所擔心的一切，找到他們擔心的原因**：讓父母更深層地看待問題，而不要老是說「你還太年輕啦」。
- **保持積極的心態**：表達自己的感受，而不要老是抱怨。以「這太不公平……」和「我討厭……」等話語開頭來表示自己的情感。

第九章　天堂與地獄都由自己創造

美國的石油大王洛克斐勒曾經給兒子寫了一封信，在信中他告誡兒子：「如果你視工作為一種樂趣，人生就是天堂；如果你視工作為一種義務，人生就是地獄」。這是積極的人生觀，相信每個人看了都會從中受益。他是這樣寫的：

親愛的約翰：

我可以很自豪地說，我從未體會過失業的滋味。這並非我運氣好，而在於我從不把工作視為毫無樂趣的苦役，我能從工作中找到無限的快樂。

我認為，工作是一項特權，它帶來比維持生活更多的事物。工作是所有生意的基礎，所有繁榮的來源，也是塑造天才的環境。工作使年輕人奮發有為，比他的父母做得更多，不管他們多麼有錢。

工作以最卑微的儲蓄表示出來，是奠定幸福的基礎。工作是增添生命味道的食鹽。但人們必須先愛它，工作才能給予我們最大的恩惠，從而獲得最大的結果。

我初涉商界時，時常聽說，一個人想爬到高峰需要很多犧牲。然而，

PART5　擁有一顆感恩的心

歲月流逝，我開始了解到很多正爬向高峰的人，並不是在「付出代價」。他們努力工作是因為他們真正的喜愛工作。任何行業中往上爬的人都是完全投入到了正在做的事情上，且專心致志。衷心喜愛從事的工作，自然也就成功了。

熱愛工作是一種信念。懷著這個信念，我們能把絕望的大山鑿成一塊希望的磐石。一位偉大的畫家說得好：「痛苦終將過去，而美麗卻是永存。」

但有些人顯然不夠聰明，他們有野心，卻對工作過分挑剔，一直在尋找「完美的」雇主或工作。事實是，雇主需要準時工作、誠實而努力的員工，他只將加薪與升遷的機會留給那些格外努力、格外忠心、格外熱心、花更多的時間做事的職員，因為他在經營生意，而不是在做慈善事業，他需要的是那些更有價值的人。

不管一個人的野心有多麼大，他至少要先起步，才能到達高峰。一旦起步，繼續前進就不太困難了。工作越是困難或不愉快，越要立刻去做。如果他等的時間越久，就變得越困難、越可怕，這有點像打靶一樣，瞄準的時間越長，射中的機會就越渺茫。

我永遠也忘不了第一份工作的經歷，那時我雖然天剛亮就得去上班，而辦公室點著的油燈又很昏暗，但那份工作從未讓我感到枯燥乏味，反而很令我沉迷和喜悅，連辦公室裡一切的繁文縟節都不能讓我對它失去熱心。結果是雇主總在不斷地為我加薪。

收入只是你工作的副產品，出色完成你該做的事，理想的薪資必然會來。而更為重要的是，我們勞苦的最高報酬，不在於我們所獲得的，而在於我們會因此成為什麼。那些頭腦活躍的人拚命勞作絕對不是只為了賺錢，使他們熱情得以持續下去的理由要比只知斂財的欲望更為高尚——

他們在從事一項迷人的事業。

老實說我是一個野心家，從小我就想成為富人。對我來說，我受雇的休伊特‧塔特爾公司是一個鍛鍊我能力、讓我一試身手的好地方。它代理各種商品銷售，擁有一座鐵礦，還經營著兩項讓它賴以生存的技術，那就是給美國經濟帶來革命性變化的鐵路與電報。

它把我帶進了妙趣橫生、廣闊絢麗的商業世界，讓我學會了尊重數字與事實，讓我看到了運輸業的威力，更培養了我作為商人應具備的能力與素養。

所有的這些都在我以後的經商中發揮了極大的效能。我可以說，沒有在休伊特‧塔特爾公司的磨練，在事業上我或許就要走很多彎路。

每當想起休伊特‧塔特爾公司，想起我當年的老雇主休伊特和塔特爾兩位先生時，我的內心不禁湧起感恩之情。那段工作生涯是我一生奮鬥的開端，為我打下了奮起的基礎，我永遠對那三年半的經歷感激不盡。

所以，我從未像某些人那樣抱怨他的雇主，說：「我們只不過是奴隸，我們被雇主踩在腳下；他們卻高高在上，在他們美麗的別墅裡享樂；他們的保險櫃裡裝滿了黃金，他們所擁有的每一塊錢，都是壓榨我們得來的。」

我不知道這些抱怨的人是否想過，是誰給了你就業的機會？是誰給了你建設家庭的可能？是誰讓你得到了發展自己的可能？如果你已經意識到了別人對你的壓榨，那你為什麼不結束壓榨，一走了之？

工作是一種態度，它決定了我們快樂與否。同樣都是石匠，同樣在雕塑石像，如果你問他們，「你在這裡做什麼？」他們當中的一個人可能就會說：「你看到了嘛，我正在鑿石頭，鑿完這個我就可以回家了。」這種人永遠視工作為懲罰，在他嘴裡最常吐出的一個字就是「累」。

　　另一個人可能會說：「你看到了嘛，我正在做雕像。這是一份很辛苦的工作，但是酬勞很高。畢竟我有太太和四個孩子，他們需要溫飽。」這種人永遠視工作為負擔，在他嘴裡經常吐出的一句話就是「養家糊口」。

　　第三個人可能會放下錘子，驕傲地指著石雕說：「你看到了嘛，我正在做一件藝術品。」這種人永遠以工作為榮、以工作為樂，在他嘴裡最常吐出的一句話就是「這個工作很有意義」。

　　天堂與地獄都是由自己建造。如果你賦予工作意義，不論工作如何，你都會感到快樂，自我設定的成績不論高低，都會使人對工作產生樂趣。如果你不喜歡工作，任何簡單的事都會變得困難、無趣，當你叫喊著這個工作很累人時，即使你不賣力氣，你也會感到精疲力竭，反之就大不相同。

　　約翰，如果你視工作為一種樂趣，人生就是天堂；如果你視工作為一種義務，人生就是地獄。檢視一下你的工作態度，那會讓我們都感到愉快。

　　生活離不開工作，是我們的工作為我們的生活提供了物質保障，也給我們帶來了生活的意義。因此，我們應該感恩工作，而不是厭煩它。用感恩的心去對待工作，工作同樣會回報你成功和快樂！

▌人生便利貼：帶著感恩的心情去工作

　　感恩既是一種良好的心態，又是一種奉獻精神。以一種感恩圖報的心情工作時，會工作得更快、更出色。

　　每一份工作或每一個工作環境都無法盡善盡美。但每一份工作中都存有許多寶貴的經驗和資源，如失敗的沮喪、自我成長的喜悅、溫馨的工作夥伴、值得感謝的客戶等等，這些都是工作成功必須學習的

感受和必須具備的財富。如果能每天懷抱一顆感恩的心情去工作，在工作中始終牢記「擁有一份工作，就要懂得感恩」的道理，一定會收穫許多。

感恩的心情基於一種深刻的認識：公司為你展示了一個廣闊的發展空間，為你提供了施展才華的場所，你對公司為你所付出的一切，都要心存感激，並力圖回報。

回報公司的這些「厚愛」，只需要做到一點：「忠誠」。要喜愛公司賦予的工作，全心全意、不留餘力地為公司增加效益，完成公司分派的任務。同時注意提高效率，多替公司的發展規劃構思設想。

透過感恩，你會發現，感恩是內心情感的自然流露，它使你更積極，更有活力。

所以，千萬不要忘記了你身邊的人，你的領導，你的同事，他們是了解你的，支持你的，你要親口說出對他們的謝意，並用良好的工作態度回報他們，這樣不僅能得到他們更多的信任和支持，還能給公司帶來更大的凝聚力，於你、於公司都有好處，何樂而不為呢？

第十章　成為別人心目中的天使

傑克在麥克唐納公司廣告部工作時，每月都會有一天要扮成代表公司形象的「唐老鴨」到一些醫院慰問病人，給他們帶來驚喜和快樂。這是一件非常有意義的事情，每次傑克都會對人間的溫暖與友情有新的體會。

傑克每次去醫院都要受到兩條限制：第一，他去醫院的每一個地方都必須得到醫院和公司的允許，因為隨便走動有可能會讓一些病人受到驚嚇；第二，在醫院期間，他不得與任何人有身體接觸，比如握手和擁抱等，這樣做的目的是以防傳染病菌。如果他觸犯了任何一條限制，都將會被解僱。

PART5　擁有一顆感恩的心

一次，傑克在一家醫院慰問完畢，正經過走廊準備返回公司，忽然，一個細小的聲音喊住了他：「唐老鴨，唐老鴨」。

傑克回過頭，發現聲音是從一間半開著門的病房裡傳出的。這是他被允許進入的地方。傑克推開門，看到一個小男孩，大概有 5 歲左右，正躺在他父親懷裡，身上連著各種醫療設備，他身邊還有許多家人以及醫護人員。

看得出，這孩子病得非常嚴重。傑克問這男孩的名字 —— 他告訴傑克他叫貝利 —— 然後傑克給他表演了幾個小魔術。傑克準備離開時，問他還需要為他做點什麼嗎。

「唐老鴨，你能不能抱一抱我？」貝利說。

在生活中，這是一個再簡單不過的要求，但當時傑克想到的是，如果他抱了他，他將會失去工作。所以，傑克轉換話題，提議自己和他一起畫一幅圖畫。他們一起畫了一幅畫，很漂亮，他們都感到自豪。

但是，貝利又一次提出要傑克擁抱他。這時，傑克的感性衝動地在喊：「行」！而他的理智卻堅決地制止了自己：「不行！你會丟掉飯碗的！」

傑克靜下心來，反覆在想，為什麼自己不能滿足一個可能再也回不了家的孩子的小小願望呢？為什麼一個過去他從未見過、以後或許再也不會見到的孩子讓他如此心亂如麻、不知所措呢？

「抱一抱我。」這是一個多麼小的要求，可是⋯⋯。

傑克在心中搜尋著合理的告別理由，卻一個也未能想出來，反而思考起另一個問題：在這種情況下，失去工作難道還算是一個不幸嗎？

傑克在想，如果他失去工作，他還能夠找到工作從頭再來嗎？答案是肯定的，他肯定是會找到另一份工作的。此外，如果自己一時之間找不

174

到工作，會有什麼風險呢？會很快失去汽車、還有房子……。說實話，傑克是非常喜歡這些東西的。但是，這些東西在自己人生的終點終將失去價值，人生唯一不變的價值只有經歷。假若自己能夠給一個悲傷的氛圍製造出一絲歡樂，那點風險還算得了什麼呢？

傑克請求病房裡的其他人包括孩子的父母、爺爺奶奶和他的兩個同事暫且迴避一下。由於護理師必須照看醫療設備，就留了下來。但是貝利也要求她面朝著牆不要偷看他們。

然後傑克抱起了小男孩。他是多麼虛弱、多麼擔驚受怕。他們一起說說、笑笑、哭哭，足足有 45 分鐘，話題大多是貝利擔心的一些事情：他擔心他的小弟弟沒有他的指引會在路上走失、還擔心家裡的小狗找不到骨頭 —— 因為他來醫院之前把骨頭藏了起來。這些就是一個知道自己回不去的小孩心中的憂慮。

從病房裡出來，傑克不禁淚流滿面。他給了貝利父母留了他的真實姓名和電話，告訴他們如果需要自己做什麼事儘管打電話給他。

兩天後，傑克接到了貝利母親的電話。她說，貝利去世了，並代表她的全家感謝傑克在貝利生活中所起到的作用。她還說，在他離開病房後，貝利對她說：「媽媽，我不再擔心今年見不到聖誕老人了，因為唐老鴨已經抱過我了」。

儘管傑克不知道明天是否還能擁有這份工作，但他知道，為了獲得有價值的經歷而承擔一點風險是多麼值得。

當暮年回首往事的時候，是否有人會為做過什麼或沒有做過什麼而痛心疾首？朋友，只要你在人生的歲月裡做過哪怕一件小小的善事，那麼在世人面前，你就是一個天使。

人生便利貼：做你力所能及的善事

- 拿錢幫助、救助雜誌上所刊登的貧困兒童讀書。
- 幫助偏鄉地區的貧困戶，時常去貧困戶的家中，拿錢、拿米、油等其他物品給貧困戶。
- 到敬老院、孤兒院幫忙，打掃衛生、買吃的東西給老人和小孩。買收音機、唱片磁帶給老人用，讓他們身心得到享樂，心情愉快；買小孩讀的書給小朋友，讓他們學到知識。
- 可以教育身邊認識的小孩，啟發他們的智慧。送書、雜誌、學習卡片給小孩子學習。
- 到醫院去關心病人、幫助病人，若有病人無錢治病，拿錢給他治病。買好藥給生病的人吃，把自己懂的醫學方面知識傳授於人，或將自己摘抄的醫學知識的內容借人閱讀。
- 去為大眾做事，如當義工或志工。
- 維護環保，幫助掃馬路，到公共場所撿垃圾。
- 幫同事打資料、打字。
- 幫人提東西，有人問路熱情告知。有盲人過馬路，可以牽他（她）過馬路。有人摔倒，幫忙扶起來。如孩子迷路，帶他到派出所給員警，讓他們幫助孩子找家人。
- 讓座給小孩、抱小孩的乘客、老人、身障人士、孕婦。
- 多鼓勵別人、讚美他人，使人在工作上學習上有信心，並給予別人真誠的讚美。
- 有人找你學技術，就無條件地傳授技術，以幫助別人。
- 在馬路上，若有老人、身障者、小孩乞討，可以給他們錢；若路

上遇到困難，如暫時找不到工作、錢已花完的，給他點錢買吃的東西幫助他。

PART5　擁有一顆感恩的心

PART6
學會情緒轉向

　　一個明智的人，在面對不可避免的事實的時候，不是抗拒，不是逃避而是試著放鬆，並以一種博大的胸襟和氣魄來為自己解脫，讓自己很優雅地離開這種負面情緒，進入心靈的正面狀態。

　　鎮靜的人知道如何才能控制自己的情緒，也在日常生活中能很好地理解別人，避免不必要的情緒波動，這樣不僅對自己有好處，對別人也有好處。

▌第一章　儘早消除思想中的負面意識

1800 年前，馬可・奧理略（Marcus Aurelius）在《沉思錄》一書中說：「我們的生活，就是由我們的思想創造的。」這句話在今天也同樣是真理，我們應該經常對自己說這句話。

著名思想家愛默生曾說：「一個人就是他整天所想的那些。」三百多年前，約翰・米爾頓（John Milton） 在失明後，也發現了同樣的真理：「思想的運用和思想的本身，就能把地獄變成天堂，把天堂變成地獄。」

透過研究一個人的思想，就能知道一個人的脾氣、性格等，因為每個人的特性，都是由思想造成的。而這些思想的形成，又取決於心理狀態。心理狀態好時，思想就是正面的；心理狀態不好時，思想則是負面的。

偉大的斯多葛主義哲學家依匹克特修斯曾警告說：「我們應該努力消除思想中的錯誤想法，這比割除身體上的腫瘤和膿瘡重要得多。」

十九個世紀之前的依匹克特修斯說過的這句話，得到了現代醫學的完全支持。

坎貝・羅賓博士認為：約翰・霍普金斯醫院收容的病人裡，有五分之四都是由於情緒緊張和壓力所引起的，甚至一些生理器官的病例也是如此。因此他斷定：這些疾病都能追溯到生活問題無法協調。

下面是一個精神曾經瀕臨崩潰邊緣的人的自白，可能對很多人都有良好的啟示：

我對任何事情都發愁。我為我太瘦了而憂慮、為我在掉頭髮而憂慮、為我現在生活的不夠好而憂慮；還擔心不能給人留下良好的印象、還覺得我得了胃潰瘍而憂慮；我怕永遠沒辦法賺夠錢來娶個太太，我怕失去我想要娶的那個女孩子……。

我因為這些憂慮而無法工作，不得不辭職。可是，我的內心仍然很緊

張，像一個沒有安全閥的鍋爐，隨時都有可能爆炸。如果你從來沒有經歷過精神崩潰的話，祈禱上帝讓你永遠也不要有這種經驗吧！因為再沒有任何一種身體上的痛苦，能超過精神上那種極度的痛苦了。

我精神崩潰的情況，甚至嚴重到沒辦法和我的家人交談。我控制不住自己的情緒，心裡充滿了恐懼，只要有一點點聲音，就會把我嚇得跳起來。我躲開每一個人，常常無緣無故地哭起來。

我每天都痛苦不堪，覺得我被所有的人拋棄了，甚至上帝也拋棄了我。我真想跳河自殺。

但後來我決定到佛羅里達州去旅行，希望換個環境，這樣也許對我有所幫助。我上了火車之後，父親交給我一封信並告訴我：等到了佛羅里達之後再打開看。

到佛羅里達的時候正好是旅遊旺季，因為旅館裡訂不到房間，我就在一家汽車旅館裡租一個房間睡覺。我想找一份工作，可是沒有成功，所以我把時間都消磨在海灘上。

我在佛羅里達時比在家時更難過，因此我拆開那封信，看看我父親寫的是什麼。

他在信上寫道：

「兒子，你現在離家 1500 英里，但你並不覺得有什麼不一樣，對不對？我知道你不會覺得有什麼不同，因為你還帶著你所有麻煩的根源 —— 那就是你自己。無論你的身體或是你的精神，都沒有什麼毛病，因為並不是你所遇到的環境使你受到挫折，而是由於你對各種情況的想像。

總之，一個人心裡想什麼，他就會成為什麼；當你了解這點以後，就回家來吧。因為那樣你就好了。」

我父親的信使我非常生氣，我要的是同情，而不是教訓。

我當時氣得決定永遠不回家。那天晚上，經過一個正在舉行禮拜的教堂，因為沒有別的地方去，就進去聽了一場演講。講題是《征服精神，強過攻城掠地》。我坐在殿堂裡，聽到和我父親同樣的想法——這一來我就把腦子裡所有的胡思亂想一掃而空了。我第一次能夠很清楚而理智地思考，並發現自己真是一個傻瓜！

看清了自己，實在使我非常震驚，我還想改變這個世界和世界上所有的人。其實唯一真正需要改變的，只是我腦部那架思想相機鏡頭上的焦點。

第二天清早我收拾行李回家，一個星期以後，我又回去做以前的工作。4個月以後，我娶了那個我一直怕失去的女孩子。

我們現在有一個快樂的家庭，生了5個子女，無論是在物質方面或是精神方面，上帝都對我很好。

當我精神崩潰的時候，我是一個小部門的夜班工頭，手下有十八個人；現在我是一家紙箱廠的廠長，管理450多名員工。生活比以前充實、友善得多。

我相信我現在能了解生命的真正價值了。每當感到不安的時候，我就會告訴自己：只要把攝影機的焦距調好，一切就都好了。

我要誠實地說，我很高興曾經有過那次精神崩潰的經驗，因為它使我發現思想對身心兩方面的影響力。我現在能夠使我的思想為我所用，而不會有損於我；我現在才知道我父親是對的，使我痛苦的，確實不是外在的情況，而是我對各種情況的看法。一旦我了解這點之後，就完全好了，而且沒有再生病。

如何產生正確的思想，這是大家都必須面對的問題，事實上，也是大家需要應付的唯一問題。如果我們的思想是積極的、正面的，那麼我們就

可以透過正確的管道解決生活中所遇到的問題。

如果我們想的都是快樂的念頭，我們就能快樂；如果我們想的都是悲傷的事情，我們就會悲傷；如果我們在做事情之前想著一定能夠成功，那麼我們就會充滿信心；如果我們滿腦子都是失敗的情形，我們就會失敗。

在遇到困難時，應該選擇積極的態度，而不要採取消極的態度。換句話說，必須關注我們所遇到的問題，而不能因此憂心忡忡、庸人自擾。

關注和憂慮之間的分別是什麼呢？「關注」就是要了解問題在哪裡，然後很鎮定地採取各種步驟加以解決；而「憂慮」卻是發瘋似的在小圈子裡打轉，像一艘大海裡失去方向的帆船，只能隨風而行。

一個人，如果能夠在面對困難的時候，充滿信心昂首闊步地向前走，那麼你就永遠不會成為失敗者。

▌人生便利貼：精神放鬆 7 招，及時緩解精神崩潰

- **找家人或朋友傾訴減壓**：不要把壓力、煩惱悶在心中。獨自「受委屈」，結果是壓力越來越大。心理學實驗表明，把自己遇到的壓力、煩惱對別人說出來，具有宣洩的作用。能讓別人分擔你的感受，別人也會利用自己所具備的知識給你提些實實在在的建議，使你壓力得以減輕甚至消除。家人和要好的朋友往往是最值得信賴的人，對他們傾訴壓力和煩惱，對減壓有益。

- **分散注意力減壓**：產生心理壓力或煩惱時，不要一個人發呆，此時，需要參加一些集體活動，分散注意力，可以淡化壓力。分散注意力的有各種各樣的活動，可以與朋友一起閒聊、去 KTV 唱唱歌、聽聽輕音樂放鬆一下心情，這有利於分散注意力、排除心中積鬱。如對待工作上的一般壓力，下班以後，就不要再想工作

的事情，工作和休息要分明，這可以減除壓力、擺脫煩惱。

- **享受親情減壓**：工作累了，回家享受親情的溫暖，是最好的減壓。給自己定個規矩，無論多忙，每年必須安排一兩次全家度假旅遊，每個週末邀約父母兄弟姐妹聚餐一次。

- **音樂減壓**：根據研究，音樂治療能夠誘發生理反應，協助放鬆及調適壓力，達到身心舒暢的目的。但是，每個人對音樂的反應及喜好都不同，放鬆的效果可能會因年齡、健康、生活方式等因素而產生差異。

  選擇一個舒適的環境，靠在椅子上，微閉雙眼，當舒緩的音樂響起：嘩嘩的海浪聲、小鳥的鳴叫聲、蟲子的低鳴……，身邊的一切都會變得美好起來。

  使用音樂減壓法，要選擇節奏較慢、意境廣闊的抒情音樂，這樣不僅可放鬆緊張的神經，還可以忽略周圍的嘈雜。夏日陽光強烈，室內也不例外，可以配備一個眼罩，會更放鬆。

- **冥想減壓**：緊張和焦慮都會干擾你的注意力，把眼光從滿是文字的公文上移走，躺下或找個舒服的位置坐下，並且閉上雙眼，想像種種不舒適正逐漸從身體消失。

- **看場電影、看本好書減壓**：可改變一下自己的生活習慣，到電影院看個喜劇，在開懷大笑中放鬆心情；看一本或瀏覽一段工作之外的暢銷書或休閒之類的好書，讓書中的情節來沖淡緊張的情緒。

- **把煩惱寫出來減壓**：養成寫日記的習慣，把不如意的心事或煩惱寫出來，在筆記本中發洩不平的心緒，不僅可以改善心情，而且還透過整理情緒，獨自反省，讓你變得理智、冷靜起來。

第二章　肯定自己才能看見成功

只要能再站起來，就有成功的希望，不必在乎第一步跌得多慘，再給自己一次機會，你將發現自己的實力比想像中要強。

美國聯合保險公司董事長克裡蒙‧史東說：「真正的成功祕訣是『肯定人生』四個字，如果你能以堅定而樂觀的態度去面對一切困難險阻，那麼，你一定能從中得到好處。」

不要抱怨周遭人、事、物對自己的折磨，如果我們願意用意志去掌握命運，絕對可以主宰自己的人生。

克裡蒙‧史東自幼喪父，因為體恤母親的辛苦持家，從小便懂得以零工來貼補家用。

有一次，他走進一家餐館準備叫賣報紙時，被餐館的老闆趕了出來。然而，史東一點也不想放棄，他趁著餐館老闆不注意的時間，又偷偷地溜了進去。只是，他的腳才剛踏進去，餐館老闆就發現他了，氣得狠狠地踹了史東一腳。

被踢了一腳的史東，只輕輕地揉了揉屁股，便又拿起手中的報紙，再次溜進餐館中。在場的客人們看見這個勇氣十足的小男孩，紛紛幫他說情，勸老闆不如給他行個方便。

於是，小史東雖然屁股被踢得很痛，口袋裡卻裝滿了錢。

從小，史東便表現出不凡的毅力與進取心，越是困難他越是努力，從不哀聲嘆氣，也從不訴說委屈，一旦目標確定了，必然全力以赴，只要目標尚未達到，他就不會放棄。

中學時期，史東開始投入保險業，剛開始時，他所遇到的困難和當年賣報紙的情況一樣。

然而，他安慰自己說：「反正做了也不會有什麼損失，進一步評估後

發現成功的機會又那麼大，那就繼續做下去吧！而且要馬上行動。」

於是，他鼓起了勇氣，再次走進了剛剛走出來的大樓，這次他沒有被踢出來，而且他還順利地走進了一間又一間的辦公室。

那天，有兩個人向他買了保險，就推銷數量來說，這樣的成績算是失敗，不過，對史東個人來說，總算是有所收穫，因為在這個過程中，他也看見了自己的問題。

第二天，他賣出了四份保險。第三天，他則賣出了六份……

20 歲那年，史東創立了一家個人保險經紀公司，開業的第一天，他就在繁華的大街上賣出了第一份個人保險。接下來，他不斷地突破自己的紀錄，還曾創下每 4 分鐘成交一份保險的奇蹟。

在這個實力決定競爭的時代，在抱怨別人不重視自己之前、在自己尚未成功之時，先問自己究竟有多少能力，有沒有盡了全力、有沒有在跌倒之後再站起來。

不管時境如何變遷，只有不肯輕易承認自己已敗陣的人，才最會受到重視，才能被鮮花和掌聲縈繞。

▌人生便利貼：如何自我激勵

- **學會制定目標**：把你的目標分成兩大部分，即大目標和小目標。你想成就什麼事，這是你的大目標，要讓你的目標變成現實，你必須腳踏實地從小事做起，這就是小目標，也稱近期目標。
  在實現目標的過程中，你要制定行動計畫。計畫又可分為日計畫、週計畫、月計畫和年計畫。今日制定明日計畫，今月制定下月計畫，今年制定明年計畫。嚴格執行計畫，可根除人的懶惰行為和種種藉口。這樣，你就有方向感，就容易去實現你的大目標。

- **建立你的信念體系**：信念並不是與生俱來的，它是在你人生成長過程中，累積的經歷、修養、文化內涵以及今後想成為一個什麼樣的人所慢慢形成的。

  如果你的信念不夠強烈或十分消極，就要注意得調整信念體系，並有相應的知識和技能作為武器去配合它。

- **找一個榜樣，去超過他**：榜樣的力量是無窮的，樹立一個榜樣，吸取他的精華和成功的經驗，再來彌補自己的不足，並促使你去改進。如你想成為一個學者，你可以找一個教授作為榜樣，他有何優點？他是如何成功的？進行分析後，然後調整自己奮鬥方法，去一步步提高，完善自己。

- **多看勵志類書籍和成功人士的傳記**：人生要成功缺的就是經驗和奮鬥的精神。透過閱讀勵志類書籍和學習成功精神，會使你倍增無窮的力量，而這種力量正是你人生所必需的。

第三章　讓命運在你身上轉彎

抱怨再多，也不可能改變現狀，唯有靠著自己力量，讓心中充滿活力，才能開闢一片屬於自己的天地。

即使在灰暗中，我們也能創造出陽光，照亮自己的生命。

威爾遜是一位非常成功的商人，他從一個普通的小職員做起，經歷多年的奮鬥與累積，最後擁有了自己的公司，受到員工們的愛戴與尊敬。

這天，威爾遜從辦公大樓走了出來，就在他走到街上時，身後忽然傳來「嗒嗒嗒」的聲音，那是盲人用盲人杖敲打地面所發出的聲響。

威爾遜愣了一下，接著緩緩地轉過身。

盲人感覺到前面有人，連忙打起精神，上前哀求道：「先生，您一定發現我是個可憐的盲人吧！能不能占用您一點點時間呢？」

威爾遜說：「好，不過我正趕著要去見一個重要的客戶，你有什麼要求，請快點說吧！」

只見盲人在背包裡摸索了半天，最後掏出一個打火機，遞到威爾遜面前，說「先生，這個打火機只賣一美元，這是最好的打火機啊！」

威爾遜聽完後嘆了口氣，他掏出一張鈔票，遞給盲人：「雖然我不抽菸，但是我很願意幫助你，這個打火機我可以送給開車的年輕人。」

盲人感謝地拿過了鈔票，並用手摸了一下，居然是一百美元

他顫抖著手，反覆撫摸著這張錢，嘴裡感激地說「您是我遇見過的最慷慨的先生。仁慈的富人啊，我願意為您祈禱！願上帝保佑您！」

威爾遜笑了笑，轉身準備離開。然而，盲人忽然拉住他，喋喋不休地說「您知道嗎？我並不是一生下來就瞎了，我會有今天，都是 23 年前，布林頓的那次事故害的。」

威爾遜一驚，問道：「你是在那次化工廠爆炸中失明的嗎？「

盲人似乎遇見了知音，他連連點頭：「是啊，是啊，您也知道嗎？那次可死了 93 個人，受傷的也有好幾百人，在當時可是頭條新聞哪！」

盲人似乎想用自己的遭遇打動威爾遜，以爭取更多的施捨，他哀怨地說：「我真可憐啊！失明之後到處流浪，每天有一頓沒一頓地過活，或許死了都沒人知道。」

越說越激動的盲人繼續憤憤地說：「您不知道當時的情況，火一下子就冒了出來，就像是從地獄裡冒出來似的！我好不容易衝到門口，可是有一個大個子，卻在我身後大喊：『讓我出去！我還年輕，我不想死！』接著他將我推倒，還踩著我的身體跑了出去，然後我就失去了意識。等我醒

來時，已經變成現在這個模樣了。唉！命運真不公平呀！」

誰知，威爾遜聽完後，卻冷冷地道：「朋友，事實恐怕不是這樣吧？我認為，你故意把它說反了。」

盲人一驚，空洞的眼神對著威爾遜。

威爾遜緩緩地說：「當時，我也是布林頓化工廠的工人，而你才是那個從我身上踏過去的大個子，因為你長得比我高大。更重要的是，你說的那句話，我永遠都忘不了」

盲人呆呆地站了好久，他一把抓住了威爾遜，接著發出一陣詭異的大笑：「你看，這就是命運啊！不公平的命運！你原本在大火裡面，如今卻出人頭地了；而我雖然跑了出來，現在卻成了一個沒有用的瞎子！」

威爾遜用力推開盲人，並舉起手中精緻的棕櫚手杖，靜靜地說「你知道嗎？我也是一個瞎子，你相信命運，但是我從不相信。」

同是盲人，有人以乞討為生，有人卻能靠自己的努力而出人頭地。

同樣的遭遇，卻有截然不同的結局，難道這真的是命運安排的嗎？

當然不是，成功是靠自己奮鬥出來的成果。當面對自己的殘缺時，並不願屈服於所謂的命運，因為我們知道，不管人生有多大的變化或阻礙，都不能消減自己的生命力，只要還活著，就可能繼續開創美麗的人生。

人生便利貼：別為失敗找藉口

時光在一個一個的藉口中消逝了，銳氣在一個一個藉口中遞減了，棱角在一個一個藉口中磨平了。藉口，只能給人鋪就一條後路。

「沒有任何藉口」，是一個勇於迎接挑戰的勇氣、是一種勇往直前的進取精神、是一種斬釘截鐵的氣概、是一種無怨無悔的態度，沒有藉口才會「置之死地而後生」。

　　「沒有任何藉口」是誠信、敬業、責任、自覺等品德高度融合、積澱而成的理念，它能支撐起大業的人。

　　不要為失敗尋找藉口。尋找藉口唯一的好處就是把屬於自己的過失精心掩蓋，把應該由自己承擔責任轉嫁於他人或者社會。勇敢地接受並想方設法完成一項任務才是你義不容辭的選擇。

　　面對失敗，選擇責任，你的路是向前的，責任會鞭策你走的路走得更遠；選擇藉口，你的路是後退的，藉口會牽引你原地踏步。

第四章　適時做出最糟糕的打算

　　有些事情並不能依照我們的計畫順利進行，中間或多或少會出現一些意外，讓我們進退兩難，我們不免會產生憂慮，此時，我們要像林語堂先生在他的《生活的藝術》裡所說的那樣：能接受最壞的情況，在心理上就能讓你發揮出新的能力。

　　當我們接受了最壞的情況之後，我們就不會再憂慮行動之後所帶來的後果，反而能充分發揮我們的智慧，使事情得到圓滿解決。

　　下面是威利斯‧卡瑞爾先生的經驗之談，我們不妨看一看。

　　年輕的時候，我在紐約州巴法羅城的巴法羅鑄造公司工作。我必須到密蘇里州水晶城的匹茲堡玻璃公司 —— 一座花費好幾百萬美元建造的工廠 —— 去安裝一臺瓦斯清潔機，以清除瓦斯燃燒的雜質，使瓦斯燃燒時不會傷到引擎。

　　這種瓦斯清潔方法是一種新的嘗試，以前只試過一次 —— 而且當時的情況很不相同，我到密蘇里州水晶城工作的時候，很多事先沒有想到的困難都發生了，經過一番調整之後，機器可以使用了，可是效果並不像我們所保證的那樣。

我對自己的失敗非常吃驚，覺得好像是有人在我頭上重重地打了一拳。我的胃和整個肚子都開始扭痛起來。有好一陣子，我擔憂得簡直無法入睡。

最後，出於一種信念，我想憂慮並不能夠解決問題，於是便想出一個不需要憂慮就可以解決問題的辦法，結果非常有效。我這個抵抗憂慮的辦法已經使用 30 多年了。這個辦法非常簡單，任何人都可以使用。這一方法共有三個步驟：

第一步：首先毫不害怕而誠懇地分析整個情況，然後找出萬一失敗後可能發生的最壞情況是什麼。不錯，很可能我會丟掉工作，也可能我的老闆會把整個機器拆掉，使投下去的 20,000 美元泡湯。但是，沒有人會把我關起來，或者把我槍斃，這一點說得很準確。

第二步：找出可能發生的最壞情況之後，讓自己在必要的時候能夠接受它。我對自己說，這次失敗，在我的紀錄上會是一個很大的污點，我可能會因此而丟掉工作。但即使真是如此，我還是可以另外找到一份工作。事情不可能比這更糟。至於我的那些老闆 —— 他們也知道現在是在試驗一種清除瓦斯的新方法，如果這種試驗要花他們 20,000 美元，他們還付得起。他們可以把這個帳在研究費上，因為這只是一種實驗。

發現可能發生的最壞情況，並讓自己能夠接受之後，有一件非常重要的事情發生了 —— 我馬上輕鬆下來，感受到幾天以來所沒有經歷過的一份平靜。

第三步：從這以後，我就平靜地付出我的時間和精力，試著改善我在心理上已經接受的那種最壞情況。

我努力找出一些辦法，減少我們目前面臨的 20,000 美元損失。我做了幾次試驗，最後發現：如果我們再多花 5,000 美元，加裝一些設備，我

們的問題就可以解決了，我們照這個辦法去做，公司不但不會損失 20,000 美元，反而可以賺 15,000 美元。

如果當時我一直擔心下去的話，恐怕再也不能做到這一點，因為憂慮最大的壞處就是摧毀我集中精神的能力。一旦憂慮產生，我們的思想就會到處亂轉，從而喪失做出決定的能力。

然而，當我們強迫自己面對最壞的情況，並且在精神上先接受它之後，我們就能夠衡量所有可能的情形，使我們處在一個可以集中精力解決問題的地位。

我剛才所說的這件事，發生在很多很多年以前，因為這種做法非常好，我就一直使用。結果呢，我的生活裡幾乎不再有煩惱了。

世上沒有盡善盡美的人和物，也許正是因為或多或少的缺陷，才使這個世界如此地美麗動人。凡事盡力而為，做最好的努力，做最壞的打算。若能如此，雖不能保證從此生活就可以高枕無憂，但至少不會在意外發生前憂心忡忡，在意外發生時不知所措。

人生便利貼：戰勝恐懼與驚慌

- **了解自己的恐懼**：恐懼來源於何處？你曾經是否有很糟糕的經歷？你是否曾和那些加深恐懼的人士談論此事？他們允許你在初期進行逃避嗎？
- **你害怕什麼**：如果你面臨恐懼，寫下 5 件你認為即將面臨的事情。
- **應付自己的焦慮**：學會一些放鬆和分散注意力的技巧，如使自己的呼吸速度減緩以及克制不理智的想法。
- **面對自己的驚慌**：使自己能戰勝恐懼的唯一方法是勇敢地面對

它，隨著時間的消逝，恐懼也將逐步減輕。

■ **給不同的處境定級**：列出 10 個自己恐懼而逃避的處境。給這 10 種處境分別標出焦慮程度。1 表示沒有焦慮，而 10 表示焦慮的程度最高。按照程度的高低進行排列，然後在焦慮增加之前，從低到高，一個接一個解決。這樣自己的焦慮就會逐步減輕。

第五章　學會情緒轉向

交通擁擠的十字路口經常會發生這樣的事情：整個路面都成了車海，不耐煩的司機在車裡面用力地按著喇叭、撕心裂肺叫喊著，眼看著整個交通就要陷入癱瘓狀態，這個時候，交警的身影出現了，他熟練地指揮——該停的停、該轉的轉、該走的走——這種糟糕的場面很快得到了控制。

這個時候，更體現出了交警的重要性，沒有他們的管理疏導，這種糟糕的狀況還不知道要持續到什麼時候呢！

人的心情有時候也像雜亂的交通一樣，亂七八糟的情緒一起湧上心頭，讓人覺得心煩、頭痛不已，這個時候，我們也需要一個心靈疏導，給這些情緒一個合理的釋放機會。

首先我們要學會情緒轉向。不管是好心情還是壞心情，都得有一個轉向過程。當我們心情極度興奮的時候，要學會情緒轉向，以免太過激動而發生不必要的麻煩；當我們心情極度低落的時候，也得情緒轉向，以防一蹶不振。只有做到這樣，一個人才能算是真正的成熟，才能給人一種喜怒不形於色的感覺。

情商高的人不管遇到什麼樣的事情，他們都能輕易接受這種不可避免的事實，所以這類人在感到沮喪、生氣甚至是緊張的時候，他們總會先接

受無法避免的情緒，然後再用情緒轉向來發洩自己的心情。

他們並不會因為面對的事情，不是他們所期望的而採取逃避甚至是抵抗的態度，相反，他們會很自在地接納這些已經發生的事情，既不恐慌也不沮喪，因為他們知道這些事情總會過去的，即便你再抵抗、再沮喪，事情還是照樣發生了，與其逃避，不如接受。他們在很大程度上避免了這種負面的情緒影響，真正的進入到自己的心靈世界。

亨利‧馬太（Matthew Henry）是一個非常著名的宗教家，某天他去傳道的路上，一夥強盜把他團團圍住，不僅把他暴打一頓，還把他身上所剩的一點路費也給搶走了，身無分文的他走在空曠的原野上，一步一步地往目的地前進。

後來這位著名的宗教家在日記中這樣寫道：「我要感謝上帝，感謝上帝給我這樣的保護，我真的是太幸運了。」接著，在之後的日記中他列出了之所以說自己幸運的幾個理由：

✧ 我在此之前竟然從來就沒有遇到過類似這樣不幸的事情，這次被我遇見真是幸運。

✧ 強盜只是搶走了我的錢，我的生命卻安然無恙，說明這個強盜還是很不錯的。我真是幸運，遇到這樣的強盜。

✧ 他們只是搶走我身上的錢而已，並沒有搶走我所有的財產。而那些錢是可以再賺回來的，因此我也感覺到自己真的很幸運。

✧ 是他們搶我的錢，而不是我搶他們的錢，願上帝原諒他們的一時無知。

在被強盜搶走了所有的路費以後還列出這麼多讓自己感到幸運的理由真是不容易，他的這些理由不僅能自我安慰，也能給自己一個釋放壞心情的理由，亨利不愧是一個情緒轉向的高手，他這麼想的結果就是他在傳道

的過程中一直保持很高的積極性，並沒有受到此劫的影響。

因此我們說亨利是一個明智的人，在面對不可避免的事實的時候，不是抗拒，不是逃避，而是試著放鬆，並以一種寬闊的胸襟和氣魄從意外事件中解脫，讓自己很優雅地離開這種負面情緒，進入心靈的正面狀態。

至此我們更應該明白冷靜對一個人的重要性。這不僅意味著成長的過程，還表明著一個人對自己的了解程度。

了解自己，也要透過思考來了解別人，當這種了解達到一定程度的時候，我們就會越來越清楚事情存在的因果關係，我們就能停止大驚小怪、勃然大怒的情緒。

鎮靜的人知道如何才能控制自己的情緒，也能在日常生活中理解別人的想法，避免不必要的情緒波動，這樣不僅對自己有好處，對別人也有好處。

▌人生便利貼：培養正面的心態

- **言行舉止像你希望成為的人那樣**：這種潛移默化的影響，將會使你成為你所敬仰的人，這樣就能讓你的心態一直處在積極狀態，甚至是極度興奮的狀態。生活對於你來說，就如同美夢一般的甜美。
- **要心懷必勝的信念**：一個對自己內心有完全支配能力的人，對自己有權獲得的任何東西也會有支配能力。因此當我們認為自己是成功者的時候，我們就已經開始成功了。
- **用美好的感覺、信心和目標去感染身邊的每一個人**：人是經常會受到別人的影響的，你在影響別人的同時，別人也在影響你，只要你能堅持，那你就是那個成功的人。

- **使你遇到的每一個人都感到很需要自己**：每個人都希望被別人肯定，也就是讓別人知道自己很重要。這不僅僅是滿足個人虛榮心的要求，更是讓一個人從內心裡感覺自己對社會是有價值的。

- **時時刻刻心存感激**：一個經常心存感激的人，一定是非常有前途的，因為這種人對生活永遠都是一種感激的態度，而不是相反的抱怨態度，也正是因為時刻都有感激的心理，這類人往往能積極的面對自己的生活。

- **懂得微笑**：微笑就是上帝，面對一個微笑的人，我們能感覺到一切所有美好的東西，包括自信和友好。因為微笑能鼓勵自己，也能鼓勵周圍的人，給自己信心，也能給別人信心。在和陌生人見面時，微微的一笑可以拉近人們之間陌生的距離和消除隔閡。當然，前提是這種微笑必須是真誠的。

- **學習接受新觀念**：在你學習著接受新觀念的同時，你會發現你的心態在不知不覺中，年輕了許多，原本消極的狀態說不定會因此而改變，人生也因此峰迴路轉。

- **放棄雞毛蒜皮的小事**：如同激勵人心的故事一樣，不要讓雞毛蒜皮的小事成為我們鞋子裡的一粒沙子，影響了我們未來的路程。

- **時刻記住要有奉獻精神**：人生的目的是服務別人，是表現出助人的激情與意願，而一個積極心態者所能做的最大貢獻就是給予別人。

第六章　鼓起勇氣，丟棄煩惱

拳擊手傑克・登普西（Jack Dempsey）說：「在我的拳擊生涯中，我發現，煩惱比我所對付過的任何重量級拳手更難對付。我知道，我必須學習停止煩惱，否則它會削弱我的活力，破壞我的成就。於是，我自己草擬了一項制度。」

以下是拳擊手傑克・登普西為自己草擬的制度要點：

第一：經常給自己說些打氣的話。

例如，在我和佛波比賽的時候，我不斷地對自己說：「沒有人敵得過我，他傷不了我，他的拳頭傷不了我，我不會受傷，不管發生什麼事，我一定要勇往直前。」

像這樣為自己打氣，讓想法趨向積極，對我幫助很大，甚至使我不覺得對方的拳頭在攻擊。在我的拳擊生涯中，我的嘴唇曾被打裂、我的眼睛被打傷、肋骨被打斷，而佛波的一拳將我打得飛出場外，摔在一位記者的打字機上，把打字機壓壞了。

但我對佛波的拳頭感到麻木。只有一次，那天晚上，李斯特・強森一拳打斷了我的三根肋骨。那一拳雖傷不了我，但影響到我的呼吸。我可以坦白地說，除此之外，我在比賽中未對任何一拳有過知覺。

第二：不斷提醒自己 —— 煩惱是有害無益的。

我的大部分煩惱，都出現在我參加大型比賽前的訓練當中。我經常在半夜醒來，一連好幾個鐘頭都十分煩惱，輾轉反側、無法成眠。

我擔心會在第一回合中被對方打斷手、或扭了腳踝、或眼睛被嚴重打傷，如此我就不能盡情發揮攻勢。當我煩惱到這個地步時，我總是下床望著鏡子，好好與自己進行一次對話。

我會對自己說：「你真是個笨蛋，竟然為一些尚未發生而且可能根本

不會發生的事情如此煩惱。人生短暫，你只有幾十年可活，所以你必須盡
情享受。」

　　我接著又對自己說：「你的健康最重要，除了你的健康，沒有任何東
西比它更重要。」我不斷提醒自己，失眠和煩惱會破壞我的健康。我發
現，我不停對自己說這些事，每天、每月、每年，最後，它們終於浸透到
我的皮膚中去了，因此我可以很容易地除掉所有的煩惱。

　　第三：為自己祈禱，增加信心。

　　不管是在訓練，還是正式比賽時，我總是在每一回合鈴響之前祈禱。
此舉使我有信心和勇氣比賽。

　　……

　　拳擊絕對是一項危險的運動，所以，拳擊手需要足夠的勇氣，他們需
要不斷地鼓勵自己，藉以消除煩惱，就像傑克·登普西一樣。如果拳擊手
整天被各種各樣的煩惱纏繞著，想著會被別人打傷，那麼他就永遠也不會
成功，甚至會白白送命。

　　傑克·登普西的做法很值得借鑑，我們在生活中也應該認識到煩惱對
我們的健康無益，透過主動積極誘導自信的意念，我們就可以消除煩惱。

人生便利貼：擺脫煩惱「四大法門」

- **第一法門，「聽之任之法」**：煩惱的事情壓在頭上，我們不能改
  變事情時，第一個方法，就是要適應它，聽之任之。
  如果你無法聽之任之，就會陷入更深的煩惱中。
  《金剛經》中記述，有一位長老問，如何降伏妄心？也就是說，
  人有了煩惱應該如何降伏它？釋迦牟尼回答：不降而降。
  對於煩惱，你越想降服它，它越狂妄。聰明的態度是不理睬它，

任其自然，結果是不降而降。

■ **第二法門，「宣洩法」**：這種方法雖不陌生，但是喜歡捨近求遠的人常常忘了有效地運用它。

聽之任之是對煩惱的基本態度。但是，當煩惱情緒來勢猛烈時，要用宣洩法化解。

第一，是找朋友傾訴；第二，如果不方便找朋友說，就自我傾訴。下班回到家，一邊沖澡一邊大聲罵：什麼鬼天氣、再罵公司裡的討厭的上司，還可以把氣話寫在紙上，然後狠狠撕碎，諸如此類。每天出現的煩惱，每天都宣洩一下。

這個方法簡單易行，又頗為有效。

■ **第三法門，「改變認知法」**：改變認知，從心理學意義上講，就是改變我們的認識與觀點

比如，惡劣的人際關係確實使人不快，但是反過來想，正是鍛鍊你應付人際關係能力的好機會。如果自己這方面有弱點，為何不趁機學習這一門課呢？這可能對你的人生有重大意義。

■ **第四法門，「行為法」**：想消減自己的煩惱情緒，更有力的方法是行為。

一位作家，每日關門寫作，有憂鬱傾向。心理專家建議他每天早晚到街邊公園跳跳舞。他覺得丟臉。心理專家說，離家遠點，沒人認識你，隨便跳跳為了開心嘛。後來他每天早晨出去跳舞、鍛鍊，結果不那麼憂鬱了。

第七章　有效實施你的快樂權

快樂需要尋找、需要選擇，不管遇到什麼情況，我們都有權利選擇快樂，休‧當斯說：「所謂快樂的人，不是處在某種特定情況下的人，而是持著某種特定態度的人。」

一個新婚的男士講了這樣一個故事：

我和妻子米莉在 12 月時買了一輛新車。即使我們可以買到從加州飛到休斯敦的機票和她的家人過耶誕節，但我們最終決定把新車開到德州和祖母度過一個愉快的星期。

我們過得很愉快，但是最後不得不離開祖母家，準備回家。

回程中我們一直不停地趕路 —— 一個人開車、一個人睡覺。經過一場下了幾個小時的大雨後，在深夜我們終於到家了。我們累極了，但是我覺得不管我們再怎麼累，當晚也該把東西從車上卸下來，但米莉只想趕快洗澡睡覺。最終我被說服，決定明天早上再卸下車上的東西。

早上 7 點，我們起床梳洗後，準備把車上的東西卸下來。當我們打開家門時，發現我們的停車道上空空如也！米莉和我面面相覷，看看停車道，又彼此對視，又回頭看停車道，又彼此對視。

然後米莉問了我一個絕妙的問題：「喂，你把車停在哪裡了？」

我笑著回答：「就在停車道上。」

雖然我們都很肯定當時確實把車停在了車道上，但我們還是往外走，希望看到車子奇蹟似的停在停車道外 —— 街邊。然而，結果很讓我們失望。

我們打電話報警，員警來做了筆錄後啟動他們的高科技追蹤系統。為安全起見，我們也打電話給追蹤系統公司。他們保證有 98% 的概率在兩個小時內找回失車。

兩小時後，我打電話問：「我的車在哪裡？」

他們回答：「車子還沒找到，哈利斯先生，但在 4 小時內還是有 94％ 的機會。」

又過了兩個小時，我又打電話問：「我的車子找到了嗎？」

他們再次回覆：「我們還沒找到，不過 8 小時內還是有 90％ 的尋獲率。」

我被激怒了，乾脆告訴他們：「你們這些概率對我而言毫無意義，所以請你們找到它時打電話給我。」

那天稍晚，電視廣告上一個汽車製造商問：「你難道不喜歡在你的停車道停著這樣一輛車子嗎？」

我回答：「是的！昨天我就做了這件事。」

一整天杳無音訊，米莉漸漸變得煩惱，她不斷想起車子裡放的那些東西 —— 我們的結婚相薄、唯一一張上一代的全家福、衣服、所有的攝影器材、我的皮夾和支票本（還有幾張簽上了名字）。沒有這些東西我們照樣可以活下去，但它們在此時似乎變得特別重要。

充滿焦慮與挫折感的米莉問我：「我們的新車和東西都丟掉了，你怎麼還能開玩笑？」

我看著她，說：「親愛的，我們可以因丟了車而煩惱，但是也有權利選擇因丟了車而快樂。總而言之，我們的車被偷了，這是事實，不是嗎？我真的相信我們可以選擇態度和心情，現在我選擇讓自己快樂。」

5 天後，我們的車找回來了，不過車上的東西無影無蹤，車子的損壞程度也超過 3,000 美元。我把它送去維修，並因為聽到他們會在一週內把它修好而感到高興。

這一週結束時，我還回了租來的車，把我們的車開回家。這讓我感到

十分興奮。然而興奮的心情是那麼短暫，回家的路上，不幸的事情又發生了：我在一處公路出口的交通道上撞上另一部車。我沒有損害到別人的車，但我們的車又一次遭到損壞：又一筆3,000美元的損失，還有一筆保險理賠等著我。我把車子開進我們的車道，當我查看損失情況時，左邊的前輪漏氣了！

當我站在車道上看著車，自己打自己，責怪自己撞了別人的車時，米莉到家了。她走近我，看了車，又看著我。

她看我自己打自己，就用雙臂抱著我，說：「親愛的，我們可以因有一部撞壞的車而煩惱，也可以因有一部撞壞了的車而快樂。總之，我們有一部撞壞了的車，所以我們選擇快樂吧。」

我發自內心的笑了，並舉雙手贊成，我和妻子享受了美妙的夜晚。

是的，人生處處有令人煩惱的事，仔細想來，只要我們別盯著這些事不放，或者換一個角度想問題，我們將不會為之煩惱。

▌人生便利貼：如何創造快樂心情

- **精神勝利法**：這是一種有益身心健康的心理防衛機制。在你的事業、愛情、婚姻不如意時；在你經濟上得不到合理對待時；在你無辜遭到人身攻擊或不公正的評價而氣惱時；在你因生理缺陷遭到嘲笑而鬱鬱寡歡時，你不妨用阿Q的精神調適一下你失衡的心理，營造一個祥和、豁達、坦然的心理氛圍。
- **難得糊塗法**：這是心理環境免遭侵蝕的保護膜。在一些非原則問題上「糊塗」一點，無疑能提高心理承受的能力值。避免不必要的精神折磨和心理困惑，有這層保護膜，會是你處變不驚、煩惱不憂，以恬淡平和的心境對待各種生活的緊張事件。

- **隨遇而安法**：這是心理防衛機制中一種合理反應，培養自己適應各種環境的能力。遇事總能滿足，煩惱就少，心理壓力就小，生老病死，天災人禍都會不期而遇，用隨遇而安的心境去對待生活，你將擁有一片寧靜的心靈天地。
- **幽默人生法**：這是調和心理環境的「空調」，當你受到挫折或處於尷尬緊張的境況時，可用幽默化解困境，維持心態平衡。幽默是人際關係的潤滑劑，它可使沉重的心境變得豁達、開朗。
- **宣洩積鬱法**：宣洩是人的正常的心理和生理需要，你悲傷憂鬱時，不妨以異性朋友傾訴，也可透過熱線電話向主持人和聽眾傾訴，也可進行一項你所喜愛的運動，或站在草原上大聲呼叫，即能呼吸新鮮空氣，又能宣洩積鬱。

第八章　千萬不要堆積情緒

壞情緒就像毒素，累積得越多毒性就越大，也許一開始它還毒不死一隻「螞蟻」，可是到後來，你會驚恐地發現它能輕而易舉地毒死一頭「大象」。所以，請儘早地解決這些壞情緒，不要讓它們堆積成山。

你常有這樣的感受嗎？只要遇到一件倒楣事，一系列的倒楣事都會接踵而至。你一整天的心情都被搞得亂七八糟。而管理情緒的訣竅在於不要讓壞情緒堆積起來。

我們先來看看傑瑞一天的遭遇：

早晨下著小雨，傑瑞最討厭下雨了，剛上了油的皮鞋會沾水，褲腳也會帶上泥；剛買的名牌西裝褲捨不得在雨中穿；白色的休閒褲很快就變髒。像這種毛毛雨又懶得撐傘，坐計程車都要排隊，接女朋友也不方便，

PART6　學會情緒轉向

要是遲到一點點，塞麗娜就會嘟著嘴生氣走人，然後幾天不理他。傑瑞躲在被窩裡煩躁了一下，一看表，快遲到了，傑瑞一陣心慌。

上班途中，公車站牌下雨傘林立，傘下一張張臉翹首以待。傑瑞看看自己的名牌西裝，決定坐計程車。好不容易一輛空車過來，立刻有人蜂擁而上，根本就擠不上去。如此來回，傑瑞還沒坐上車，心裡只恨自己沒有車。終於等到機會，找到一輛車，但上車剛落座，一股涼意沁入屁股，扭身一看：「天哪，你這車上怎麼有水啊！」

司機回頭說：「下雨天能不有水嗎？」

「那也不可能這麼多啊！」

「噢，可能是剛才的乘客把傘放在座位上了吧。」

傑瑞憋了一肚子火，沒好氣地說：「早知道還不如坐公車，白白糟蹋了我的新西褲。」

「要怪只能怪這鬼天氣。」

「坐你的車就怪你！」傑瑞拿紙巾去吸乾屁股上的水，溼漉漉的紙巾立刻破損，傑瑞甩著手，碎紙屑卻黏著手掉不下來。他嘴裡嘟嚷著：「真倒楣！」

司機回他說：「別人放在車座上，我哪看得見！」就這樣，傑瑞和司機一路上都在鬥嘴，憋了一肚子火，車一到站趕緊付錢下車。走到辦公室才發現，司機竟沒找零！坐了一屁股水，還白送司機 10 元，傑瑞氣得不行！

剛進辦公室，同事就通知傑瑞，策劃方案沒通過，退回修改。那份策劃可是傑瑞熬夜後的心血，全企劃室，也只有傑瑞能拿得出像樣的方案來，再修改，說得輕巧！堅決不改！傑瑞心裡又委屈又氣憤，決定放到一旁等經理來找他。可是等了一天，經理也沒來。

　　下班時雨依然淅淅瀝瀝，天還是陰的，傑瑞依然打不起精神來。突然間，他想起下午忘了給塞麗娜打電話，他們約好了下午打電話決定晚上到哪裡吃飯。一看表，糟了，6點了，傑瑞趕緊打電話過去，但辦公室沒人聽，估計塞麗娜早下班了。打手機號碼，等了半天才接，手機裡傳來塞麗娜尖銳的聲音：「你怎麼回事啊！現在才睡醒嗎？我已經跟別人約了！」啪的一聲，塞麗娜就掛了電話。都怪這鬼天氣！傑瑞半天沒回過神來。

　　壞情緒就是這樣堆積起來的。當我們遇到一件倒楣事，壞心情就開始進入我們內心，如果沒有及時地解決，又帶著壞心情去處理其他的事情，自然會起連鎖反應。

　　所以，心理學家建議：當壞情緒剛剛冒頭時，就立刻把它消滅掉，千萬不要讓壞情緒堆積起來，不要讓你的心情在「正腎上腺素」的感染中越來越糟。這樣的處理方法就好像一邊走一邊丟掉身上的包袱，你會越走越輕鬆。

人生便利貼：趕走壞情緒

　　結合上面的故事，讓我們全面解析傑瑞的情緒，運用心理學家簡易的方法幫他逐一丟掉身上的包袱。具體如下：

- **早晨**：誰說陰雨天會帶來壞心情？傑瑞已經有了一個思維定勢：一下雨就會有壞心情。按照這樣的路線走下去，心情能好得起來嗎？這種行為在心理學上叫「自我暗示」。傑瑞不斷地暗示自己，只要下雨，自己就會倒楣。好像失眠的人總說自己會失眠一樣，所以總是失眠。

  傑瑞可以去做一個調查：還有很多人特別喜歡下雨呢！下雨，可以聽著雨打玻璃的聲音安然入睡；下雨可以濾掉馬路上的灰塵、

噪音，讓空氣清新起來；下雨，可以給女朋友送傘討好她，還可以和她共撐一把傘，在雨中漫步，然後趁機摟住她的肩……所以，換個角度看問題，陰雨天也會有晴朗的心情。

- **上班途中**：不就是坐了一屁股水嗎，慶幸的是沒坐到一個煙頭、一攤油。如果有同事問你屁股上是什麼東西，你正好可以幽默的回答：「我返老還童了。」倘若是女同事，搞不好能博紅顏一笑，不亦樂乎？

- **辦公室**：別人都做不出來的策劃案，唯獨你能做出來，這不正好證明你比別人強？重要的方案不可能一次通過，退回來修改很正常，再說又不是讓你重新做一份。積極的做法是，站起來，主動去敲經理的門，問問清楚，究竟是哪些地方欠缺、怎樣修改。主動和上司溝通，會讓你心情舒暢、信心十足。

- **下班**：整個一天的壞情緒已經一一被化解了，那就不會和忘記女朋友的約會；即使忘記了也不要緊，打一個電話過去，瀟灑地告訴她：「我馬上過去買單！」她一定會非常高興！

▎第九章　改變不了環境，但可以改變自己

稍微有點常識的人都知道，你很難控制周圍的環境。當然，除非你恰好成了政府的首腦，也許那時候你就可以控制周圍的環境了。但是，對於我們中的大多數人來說，我們必須承認我們控制不了外部條件。

這是千真萬確的。那麼，我們能做什麼呢？我們可以控制我們的想法。而且，透過控制自己的想法，透過運用這種最偉大的力量——選擇的力量，我們可以間接地控制周圍的環境。

　　美國加利福尼亞有位剛畢業的大學生，在西元 2003 年冬季徵兵中即將到最艱苦也是最危險的海軍陸戰隊去服役。

　　這位年輕人自從獲悉自己被海軍陸戰隊選中的消息後，便顯得憂心忡忡。在加利福尼亞大學任教的祖父見到孫子一副魂不守舍的模樣，便開導地說：「孩子啊，這沒什麼好擔心的，到了海軍陸戰隊，你將會有兩個機會，一個是留在內勤部門，一個是分配到外勤部門。如果你分配到了內勤部門，就完全用不著去擔驚受怕了。」

　　年輕人問爺爺：「那要是我被分配到了外勤部門呢？」

　　爺爺說：「那同樣會有兩個機會，一個是留在美國本土，另一個是分配到國外的軍事基地。如果你被分配在美國本土，那又有什麼好擔心的。」

　　年輕人問：「那麼，若是被分配到了國外的基地呢？」

　　爺爺說：「那也還有兩個機會，一個是被分配到和平友善的國家，另一個是被分配到維和地區。如果把你分配到和平友善的國家，那也是件值得慶幸的好事。」

　　年輕人又問：「爺爺，那要是我不幸被分配到維和地區呢？」

　　爺爺說：「那同樣還有兩個機會，一個是安全歸來，另一個是不幸負傷。如果你能夠安全歸來，那擔心豈不是多餘。」

　　「那要是不幸負傷了呢？」

　　爺爺說：「你同樣擁有兩個機會，一個是依然能夠保全性命，另一個是完全救治無效。如果尚能保全性命，還擔心它幹什麼呢？」

　　年輕人再問：「那要是完全救治無效怎麼辦呢？」

　　爺爺說：「還是有兩個機會，一個是作為勇敢衝鋒陷陣的國家英雄而死，一個是唯唯諾諾躲在後面卻不幸遇難。你當然會選擇前者，既然會成

為英雄，有什麼好擔心的。」

　　無論人生遇到什麼樣的際遇，都會有兩個機會，一個是好機會，一個是壞機會。好機會中藏匿著壞機會，而壞機會中又隱含著好機會，這恰如硬幣的兩面，關鍵是我們以什麼樣的眼光、什麼樣的心態、什麼樣的視角去對待它。

　　這正應了中國的那句古話「禍兮福之所倚；福兮禍之所伏。」

　　對那些樂觀豁達、心態積極的人而言，兩個都是好機會。對那些悲觀沮喪、心態消極的人而言，則兩個都是壞機會。

人生便利貼：如何用好思想驅逐沮喪思想

- **參加互助小組**：一旦你作出「繼續生活」的決定，你就會需要和某些人來交談，而最有效的交談，就存在於你與那些也承受著精神折磨的難友之間。
- **閱讀**：在最初的沮喪過後，當你能集中起精神時，閱讀─特別是自我幫助類書籍的閱讀─不僅能使你放鬆，更能使你備受鼓舞。
- **寫日記**：許多人能從創造一份「自我經歷不斷增長」的記錄上找到快意。寫日記的過程能成為一種心理自我治療。
- **做計畫**：還有事情值得盼望的將催促你加速進入一個全新的未來，請規劃那個已被你推遲了的旅程。
- **獎勵自己**：當高度緊張的時候，甚至最簡單的日常任務─起床、淋浴、吃飯等，看起來也令人氣餒。重視每一個成就，不管它有多少，每個勝利都應該被獎勵。

▌第十章　不為打翻的牛奶而哭泣

　　過去的生活，不管如何輝煌或者暗淡，都隨著時光如流水般遠去，留給我們的只有記憶。除此以外，它能影響你的又有什麼呢？生活中總是有一些人整日哀嘆過去的痛苦或者滿足於曾經的輝煌，似乎生活對他們來說，永遠都是過去式。殊不知，羈絆於過去之中，是很難灑脫地走向美好的明天的。

　　如果昨天是坎坷、是失敗、是淚水、是憂患，我們不應該讓昨天的身軀陷入今天的泥潭，否則昨天的傷感，會腐蝕我們今天的情緒，昨天的沉重會羈絆今天的步伐。

　　如果昨天是鮮花、是輝煌、是榮譽、是快樂、是歡笑，我們也不能留住昨天的輝煌，昨天的榮譽，這會阻礙我們今天的進取。昨天的成功，會羈絆我們今天的啟程，使我們喪失繼續奮鬥的激情和壯志。

　　很多人往往以為向過去告別很難，其實只要你真正想改變，過去的你是絲毫不會影響未來的你成為什麼樣的人。

　　在美國新澤西州的一所小學裡，有一個由 26 個孩子組成的特殊班級，被安排在教學樓裡一間很不起眼的教室。他們都是一些曾經失足的孩子：有的吸過毒，有的進過少管所，家長、老師及學校對他們非常失望，甚至想放棄他們。

　　學校裡有一位叫菲拉的女教師主動要求接手了這個班。菲拉的第一節課，並不像以前的老師那樣整頓紀律，而是在黑板上給大家出了一道選擇題，讓學生們根據自己的判斷選出一位在後來能夠造福於人類的人。

　　有二個候選人，他們分別是：A：篤信巫醫，有兩個情婦，有多年的吸菸史而且嗜酒如命；B：曾經兩次被趕出辦公室，每天到中午才起床，每晚都要喝大約一公升的白蘭地，而且有過吸食鴉片的紀錄；C：曾是國

家的戰鬥英雄，一直保持素食的習慣，不抽菸，偶爾喝一點啤酒，年輕時從未做過違法的事。

大家都選擇了 C，菲拉公布答案：A. 富蘭克林‧羅斯福，擔任過四屆美國總統；B。溫斯頓‧邱吉爾，英國歷史上最著名的首相；C. 阿道夫‧希特勒，法西斯惡魔。大家都驚呆了。

此時，菲拉說：「孩子們，你們的人生才剛剛開始，過去的榮譽和恥辱只能代表過去，真正能代表一個人一生的，是他現在和將來的作為。從現在開始，努力做自己一生中自己最想做的事情，你們都將成為了不起的人。」

這一番話改變了這 26 個孩子一生的命運，其中就有今天華爾街最年輕的基金經理人，羅伯特‧哈里森！

過去的一切只能代表過去，未來對於每個人來說，都是一張白紙，如何書寫，還得看我們自己。人生就是如此，在痛苦的時候也要瀟灑地整理好衣襟，抬頭向前。

這是人學會告別過去的一個方法，如果我們老是停留在原來的位置，過去的煩惱就會一直困擾我們，成為前進的絆腳石。

西方諺語說得好：「不要為打翻的牛奶哭泣。」是的，牛奶被打翻了，漏光了，怎麼辦？是看著被打翻的牛奶哭泣，還是去做點別的？

記住，被打翻的牛奶已成事實，不可能被重新裝回瓶中，我們唯一能做的，就是找出教訓，然後忘掉這些不愉快。無法改變的事忘掉它；有可能去補救的，抓住最後的機會。後悔、埋怨、消沉不但於事無補，反而會阻礙新的前進步伐。

我們應該平靜地面對今天或昨天的成功和失意，因為那都終究將成為過去，只要還有生命，就還有明天，也就還有希望！我們怎麼能為了過去的東西而放棄希望，蹉跎歲月，辜負珍貴的人生時光呢？

人生便利貼：如何有效樹立自信心

- **善於發現自己的優點，並隨時把它們記錄下來**：花一點時間想想自己的優點，若想不出來，就問朋友或家人，有時候反而是別人知道我們的優點比我們自己知道的多得多。然後逐步肯定自己的成績，並且讓優點長處進一步放大。

  許多人在應酬中總認為，由於他們沒有像別人那樣聰明、漂亮或靈活，總感到低人一等。其實，那是因為他們沒有發掘或表現自己的聰明才智。只有認識了自我的價值，才有助於肯定自己，充分發掘自己潛在的聰明才智，使自己充滿自信，克服自卑感。

- **設想自己的成就**：不少人心中老是出現「糟糕，我又講錯話了」等等。由於每天無數個這類資訊在腦中閃現，就會削弱自我形象感。克服這種怯弱自責心理的良好方法是想像：把注意力集中到自己的認識和感受，甚至是自己所品嘗到、聞到以及聽到的一切上。並在腦中顯現你充滿信心地投身一項困難的挑戰形象。這種積極的心理暗示會成為你潛意識的一個組成部分，從而使你充滿自信，走向成功。

- **積極參加交際活動，增加成功的交往體驗**：自信是從實踐中獲得的，第一次溜冰時你可能會摔倒，但是經過不斷的練習，你可以像別人一樣成為一名溜冰高手。

  多增強自己感興趣領域的知識和本領，只要有機會，就可以「露上一手」。這樣會讓你感覺到自己獨特的魅力。

- **全身心地投入到你的工作當中**：智者說：每一個人都擁有天上的一顆星，在這顆星星照亮的某個地方，有著別人不可替代的、專

屬於你的工作。因而你必須百折不撓地找到自己的位置，這需要
時間，需要知識、才智、技巧，需要整個心力的成熟發展，不能
因為看到別人似乎輕易取得成功而氣餒。

- **善待自己**：用「我」這個詞來要求自己追求想要的一切。不要責
怪自己，忽視或者挑戰自己內心的責備聲音：「我做錯了，我做
什麼都不行。」積極對自己說：「下一次，我肯定將一切做好。」
多與那些使你感覺良好的人來往，避開那些損害自己自信心
的人。

第十一章　無論如何，生活還要繼續

如果說，生命是一個完美的圓圈，那麼親人、親情將是這圓圈上不可
或缺的一個弧；如果說人生是一趟生命的列車，那麼父親、母親就是那最
初伴著我們旅行的人。

然而，隨著生命列車的一次次進站，車上的乘客也將不斷地變
換 —— 有些人上了車，有些人下了車。也許在某一站，我們的父母也會
突然結束他們的旅行：或傷感、或安然地走下車去，留下你一個人繼續
旅行。

失去你所愛的親人是最痛苦的事情。你會為此悲傷，心緒混亂，空虛
和無助無情地纏繞住你。你為親人的逝去而流淚、心碎，無法改變的分離
會讓你深陷痛苦的泥沼無法自拔。你會悲傷、會難過，你懊悔自己的心裡
話沒能及時說給他聽，自己能為他做的也沒有及時做到。你想挽留親人，
卻發現此時的你是那麼的無能和無奈！

此時，你是痛苦的。但逝去的終究失去了，留下了孤獨的你無比的傷

痛。你悲傷、絕望，可是一切過後，你還是要好好地生活，因為愛你的人永遠在天涯一端注視著你！

有一首手語歌叫《感恩的心》，這首歌的背後還有一個感人的故事。

有一個天生失語的小女孩，爸爸在她很小的時候就去世了，她和媽媽相依為命。媽媽每天很早出去工作，很晚才回來。

每到日落時分，小女孩就開始站在家門口，充滿期待地望著門前的那條路，等媽媽回家。媽媽回來的時候是她一天中最快樂的時刻，因為媽媽每天都要給她帶一塊年糕回家。在她們貧窮的家裡，一塊小小的年糕就是無上的美味了。

有一天，下著很大的雨，已經過了晚飯時間了，媽媽卻還沒有回來。小女孩站在家門口望啊望啊，總也等不到媽媽的身影。天越來越黑，雨越下越大，小女孩決定順著媽媽每天回來的路去找媽媽。

她走啊走啊，走了很遠，終於在路邊看見了倒在地上的媽媽。她使勁搖著媽媽的身體，媽媽卻沒有回答她。她以為媽媽太累，睡著了。就把媽媽的頭枕在自己的腿上，想讓媽媽睡得舒服一點。

但是這時她發現，媽媽的眼睛沒有閉上！小女孩突然明白：媽媽可能已經死了！她感到恐懼，拉過媽媽的手使勁搖晃，卻發現媽媽的手裡還緊緊地攥著一塊年糕。她拚命地哭著，卻發不出一點聲音……。

雨一直在下，小女孩也不知哭了多久。她知道媽媽再也不會醒來，現在就只剩下她自己。媽媽的眼睛為什麼不閉上呢？是因為不放心她嗎？她突然明白了自己該怎樣做，於是擦乾眼淚，決定用自己的語言來告訴媽媽她一定會好好地活著，讓媽媽放心地走……。

小女孩在雨中一遍一遍地用手語做著這首《感恩的心》，淚水和雨水混在一起，從她小小的卻寫滿堅強的臉上滑過……「感恩的心，感謝有

你，伴我一生，讓我有勇氣做我自己……感恩的心，感謝命運，花開花落，我一樣會珍惜……」她就這樣站在雨中不停歇地做著，一直到媽媽的眼睛終於閉上……

小女孩的故事感動了很多人，這首《感恩的心》也就從此傳播開來。因為你愛你的親人，所以你會為他們的離去而悲傷，而你的親人愛你，所以他們會希望你忘記悲傷，好好地活著。

親人逝去後，你可以悲傷，可以難過，但等一切過去後我們還要背負起逝者的希望，繼續向前。

失去親人無疑是痛苦的，它是我們生命歷程中的一次血緣的震顫，一種來自情感的災難。當生命列車依依惜別離別時的月臺，我們的旅程，我們的生活依然要勇敢的繼續，為了愛、為了親情而堅強地繼續；為了親人的希望能在自己的行動中得到延續而快樂地繼續！

人生便利貼：化解失去親人的悲痛

- **接受失去親人的現實**：依靠親屬來保護自己不受打擊是很自然的。放棄過去擁有的一切雖然需要時日，但它是接受新的生活現實並重新開始的積極跡象。

- **感受痛苦**：承認並體驗自己的情感。哭泣有時會起到很大的幫助，因為哭泣可以使痛苦的感受釋放出來。

- **談論此事**：談論失去的親人並追憶往事有助於你接受此時的處境。把遺憾、恐懼和憤怒之情表露出來也有所裨益。不要採取「重提此事毫無用處」的態度。

- **一步一腳印慢慢來**：不要想一下子就從中解脫出來。悲痛總是要持續一段時間，它沒有固定的時間限制，也不可能匆匆離去。

- **照顧好自己**：保證充足的休息時間，飲食安排好，抽時間進行靜養並與別人進行交談。不要把自己孤立起來，而是要尋求社會的幫助。
- **適應變化**：這就是說你要進入一個新的角色，學會新的技能，學會如何獨自生活。
- **一切順其自然**：讓自己做好準備，一切順其自然。這並不意味著遺忘。

第十二章　心態決定你的人生

　　美國億萬富翁約翰・洛克斐勒（John D. Rockefeller）曾說過這樣一句話：「心態是一把雙刃劍，是人人都有的精神物質。」的確，心態這一看不見的法寶會產生兩種驚人的力量：它可以讓你獲得財富、擁有幸福、健康長壽；也能讓這些東西遠離你，剝奪一切使你的生活富有意義的東西。

　　在這兩種力量中，前者 —— 正向心態，可以使你達到人生的顛峰，盡享成功的快樂和美好；後者 —— 負面心態，則可以使你在一生都陷於困難與不幸中。

　　如何面對人生的得失？這其實取決於你的心態，平和、樂觀、積極的心態會讓失去變為再度獲取的基石，而悲觀、消極的心態則會讓失敗成為埋葬成功的墳墓。

　　有人說，生活就像一面鏡子，你用怎樣的心態對待它，它就用怎樣的態度對待你。的確，心態是世界上最神奇的力量，它常常棲息在你的心靈深處，悄無聲息地左右你的思想和判斷，控制你的情感與行動。

　　羅森塔爾曾在哈佛大學做了一個有趣的實驗。被試者包括 3 組學生和

3 組白鼠。

他告訴第一組學生：「你們非常幸運，將訓練一組聰明的白鼠，這些白鼠已經經過智力訓練且非常聰明了。」

他又告訴第二組學生：「你們的白鼠是一般的白鼠，不是很聰明，但也不太笨。它們最終將走出迷宮，但不能對它們有過高的期望，因為它們僅有一般的智力，所以它們的成績也僅為一般。」

最後，他告訴第三組的學生說：「這些白鼠確實很笨，如果它們走到了迷宮的終點，也純屬偶然。它們是名副其實的白痴，自然它們成績也將很不理想。」

後來，學生們在嚴格的控制條件下進行了為期 6 週的實驗。結果表明，白鼠的成績，第一組最好，第二組中等，第三組最差。而實際上，所有被試的白鼠都是從一般的白鼠中隨機取樣並隨機分組的。

實驗之初，3 組白鼠在智力上並無顯著差異。顯然是由於進行實驗時 3 組學生對白鼠具有不同的態度，從而導致了不同的實驗結果。學生們雖不懂白鼠的語言，白鼠卻「懂得」人對它的態度。

上述實驗後來又在以學生為對象的實驗中得到證實。

該實驗是由兩位水準相當的教師分別給兩組學生教授相同的內容，有所不同的是，其中一位教師被告知：「你很幸運，你的學生天資聰穎。然而，值得提醒的是，正因為如此，他們才試圖捉弄你。他們中有的人很懶，並將要求你少布置作業。別聽他們的話，只要你給他們布置作業，他們就能完成。你也不必擔心題目太難。如果你幫助他們樹立信心，同時傾注真誠的愛，他們將可能解決最棘手的問題。」

另一位教師則被告知：「你的學生智力一般，他們既不聰明也不太笨。他們具有一般的智商和能力。所以我們只期待一般的結果。「

在該學年底，實驗結果表明，「聰明」組學生比「一般」「組學生在學習成績上整整領先了一年。

其實在被試者中根本沒有所謂的「聰明」學生，兩組被試的全都是一般學生，唯一的區別就在於教師對學生的期望態度不同，導致了以不同的方式對待他們。

其中一位教師把這些一般的學生看作天才兒童，就作為天才兒童來施教，並期望他們像天才兒童一樣出色地完成作業，使得他們有了突出的進步。

這就是羅森塔爾效應：你看待人或事的方式，即是你對待人或事的方式，而且，你對待他們（它們）的方式，也就是他們（它們）發生變化的方式。態度的效應如此明顯，以至於有的心理學家說：「態度決定一切。」

的確，態度使我們所有的體驗和活動都染上了心境的色調。

人生便利貼：決定成功的 10 種積極心態

- **決心**：決心是最最重要的積極心態，而不是環境在決定我們的命運。
- **企圖心**：企圖心，即對達成自己預期目標的成功意願。要想成功，僅僅希望是不夠的。
- **主動**：被動就是將命運交給別人安排，是消極等待機遇降臨，一旦機遇不來，他就沒辦法。凡事都應主動，被動不會有任何收穫。
- **熱情**：沒有人願意跟一個整天都提不起精神的人打交道，沒有哪一個領導願意去提升一個毫無熱情的下屬。
- **愛心**：內心深處的愛是你一切行動力的源泉。不願奉獻的人、缺

乏愛心的人，就不太可能得到別人的支持；失去別人的支持，離失敗就不會太遠。

- **學習**：資訊社會時代的核心競爭力，已經發展為學習力的競爭。資訊更新週期已經縮短到不足五年，危機每天都會伴隨我們左右。

- **自信**：什麼叫信心？信心就是眼睛尚未看見就相信，其最終的回報就是你真正看見了。

  建立自信的基本方法有三：一是不斷地取得成功；二是不斷地想像成功；第三是將自己在一個領域取得成功的「卓越」運用神經語言的心理技術，移植到你需要信心的新領域中來。

- **自律**：人人崇尚自由，然而，自由的代價是自律。

  成功需要很強的自律能力。你是不是能忍受與家人暫時分開，去外地推銷產品？這一切，就是你必須「強迫」自己付出的成功代價。

- **頑強**：我們追求成功的過程中，一定會遇到許多艱難、困苦、挫折與失敗。你不打敗它們，它們就會打敗你。

  成功有三步曲：第一，敏銳的目光；第二，果敢的行動；第三，持續的毅力。用你敏銳的目光去發現機遇，用你果敢的行動去抓住機遇；用你持續的毅力把機遇變成真正的成功。

- **堅持**：假使成功只有一個祕訣的話，請問那會是什麼？那應該是堅持！

PART7
掛起幸福的黃手帕

　　當一個生命出現危難時，另一個生命無論結果如何也要拯救
這個生命，這是生命的尊嚴使然。

　　要讓迷茫者生活的天空不再是一片陰霾，就必須為這些困頓
的生命注入親人的愛與關懷，這樣，他們的生命才會擁有溫暖與
光明。

▋第一章　大膽向對方表達你的愛

愛是永恆的主題、持久的構思、多彩的內容。

時光終會老去，在朦朧的情感世界裡，總有些東西只可意會不可言傳，於是，彼此選擇用一種間接的方式傳遞心中的愛。如果你沒有用心，就一定體會不到對方心中所隱藏的愛情誓言。

在愛情這筆帳上，最後該由誰來買單呢？

當彼此錯過了一瞬，也許就只能錯過一生了。

傑瑞對凱西一見鍾情。凱西身上的一切都是他想要的。凱西太迷人了，在凱西身邊使傑瑞眼花繚亂、雙膝發軟、極度緊張。無論如何，傑瑞想和凱西約會，可是他的內心卻認為自己不夠好，他最後退縮了。

他想如果凱西拒絕了他的約會請求，他肯定受不了。因此傑瑞只好和凱西做普通朋友。他不時給凱西打電話，和她一起參加社團活動。這些都不是傑瑞所希望的，可是這種關係讓他覺得有安全感。他寧願在夢中與心愛的女孩約會，也不敢輕易追求凱西，因為他害怕受傷、害怕失去她。

幾個月過去了，傑瑞還在原地踏步。有一天，他鼓起勇氣告訴凱西：他喜歡她，想和她約會。凱西同意了，這時，傑瑞感到自己是世界上最幸福的人。

傑瑞時刻提醒自己按時赴約。星期五晚上七點，他準時出現在凱西家門口。凱西看起來不怎麼熱情。她擁抱了一下傑瑞，把自己喜歡的一本書送給他。傑瑞道謝之後，把凱西帶到自己車裡，把書放進了儲藏箱。他們開車前往曼哈頓，傑瑞計畫先看一出百老匯歌劇，再共進晚餐。

可是這一晚並不順利，不是因為發生了什麼糟糕的事，而是傑瑞太緊張了。她會喜歡他嗎？他們還有下一次約會嗎？緊張使得傑瑞表現不佳，他甚至無法享受與凱西在一起的快樂時光。晚餐後兩人互相道別，傑瑞垂

頭喪氣地回家了。他認為自己肯定給凱西留下了很壞的印象，想到這裡他連呼吸都覺得困難，他越想越感到難堪，於是決定不再給凱西打電話。

他的恐懼使他作出了一些自我安慰的預言。

10年時光飛逝而過，傑瑞再也沒有見到凱西。他們約會後的一年，他聽說凱西要結婚了，他心情沉重，好像被拋進了地獄。之後他也交過一些女朋友，可是都不如對凱西那麼動心。

一天，傑瑞的老朋友哈爾給他打電話，哈爾嚴肅地告訴傑瑞：凱西已離開人世了，她患了腦癌，葬禮將在星期二舉行，可凱西還很年輕。哈爾提醒傑瑞，他手頭有一本書，是傑瑞送給他的，這本書又是凱西和傑瑞第一次約會時送給傑瑞的。

「傑瑞，你有沒有看到書裡夾的一張卡片？」哈爾問。

「什麼卡片？」

「凱西寫給你的。你給我時它就夾在書裡面。」

「我從沒看過那本書，上面都寫了什麼？」傑瑞問。

「我覺得好像是很隱私的內容。」

「沒關係，哈爾，儘管念給我聽。」

哈爾打開卡片，念道：「傑瑞，就今晚約會還是永遠約會？凱西。」

這是一個讓人嗟嘆不已的故事，可它確實是真的。傑瑞永遠也不可能擁有凱西了，因為他認為自己不值得被對方愛，可事實上對方愛他。由於恐懼和不安，他放棄了自己最渴望的一切。

別讓愛情埋藏在悄無聲息的歲月之中。生命何其短，有愛就要大膽地向對方表達，苦苦地等待，不是對愛的堅貞，而坦率地傾吐，才是有可能享受愛情的前奏。

幸福的愛情也許只在你一念之間，你把握了，一輩子就會與它攜手與共一輩子，你之所以會失去的原因呢？是你自己沒給自己贏取的機會。

人生便利貼：如何表達你的愛意

- **製造一些特殊的場合，使你們兩人能在一起做某種活動**：例如，你先挑一件極平常的事，然後繼續做下去，像一起吃早餐，談談一天的瑣事，接著把這些活動的時間拉長，慢慢地品嘗其味。這樣，對你們兩人的關係有助益，而且也能使你更加覺得這麼做是值得的。

- **偶爾送一些不易長久保存的東西給你所愛的人**：當然你送的東西最好是對方喜歡的。或許有些人會認為花錢買鮮花，或投硬幣點唱歌曲實在是太浪費了，但其實不然，這才是你們兩人該共有的禮物。所以當你想要為對方做點事的，不妨花點錢做這類的事。另外，買禮物時，不必為對方買一些實用的禮物，偶爾可以表現得較不注重實際功用。這樣，可以幫助你體會愛的本身的價值─即使那件禮物並不為我們帶來什麼實用價值。

- **用撫摸的方式表達你的愛**：一般人認為撫摸對方只是性愛的一種表達方式，所以平常很少觸摸戀人。其實你撫摸對方，只是純粹表達心中的愛意，不一定要有性行為。

- **盡量去做些你喜愛與對方一起做的事**：野餐、郊遊、看電影……，不管什麼都好，並試著記住你高興與他共享的事，然後再去做一次，不要推說你不會，兩人最好在燈光良好的氣氛下會面，彼此分享快樂及成就感。即使集會時間非常短暫，你不妨研究一下當你們很愉快地相處時，你的行為又是如何，你有多自在，並以相同的心情，共同去做更多的事。

- **表達愛意時要真摯單純**：表達愛意時，要忠厚老實，要讓對方體

會到你是在說真心話。

以下的示愛方式比較受歡迎：

(1) 很自然地說：「我很喜歡你。」

(2) 望著她的眼睛說：「我喜歡你。」

(3) 直截了當地說：「我愛你！」

(4) 「讓我們共同生活吧！」

(5) 「你願意和我一起走人生之路嗎？」

(6) 「我希望能永遠和你廝守在一起。」

■ **選擇一個良好的示愛場所**：以下是比較好的示愛場所。

(1) 在轎車裡聽情調音樂時。

(2) 在可以看到海的地方。

(3) 在四周沒人的地方。

(4) 在咖啡廳等較有情調的地方。

(5) 兩人盡情玩罷歸來途中。

第二章　用寬恕融化彼此冰冷的內心

一個週五的早晨，摩斯的禮品店依舊開業很早。摩斯靜靜地坐在櫃檯後邊，欣賞著禮品店裡各式各樣的禮品和鮮花。

忽然，禮品店的門被推開了，走進來一位年輕人。他的臉色顯得很陰沉，眼睛瀏覽著禮品店裡的禮品和鮮花，最終將視線固定在一個精緻的水晶烏龜上面。

「先生，請問您想買這件禮品嗎？」摩斯親切地問。可是，年輕人的眼光依舊很冰冷。

PART7　掛起幸福的黃手帕

「這件禮品多少錢？」年輕人問了一句。「50 元。」摩斯回答道。年輕人聽摩斯說完後，伸手掏出 50 元錢甩在櫥窗上。摩斯很奇怪，自從禮品店開業以來，她還從沒遇到這樣豪爽、慷慨的買主呢。

「先生，您想將這個禮品送給誰呢？」摩斯試探地問了一句。「送給我的新娘，我們明天就要結婚了。」年輕人依舊面色冰冷地回答著。

摩斯心裡咯噔一下：什麼，要送一隻烏龜給自己的新娘，那豈不是給他們的婚姻安上了一個定時炸彈？摩斯沉重地想了一下，對年輕人說：「先生這件禮品一定要好好包裝一下，才會給你的新娘帶來更大的驚喜。可是今天這裡沒有包裝盒了，請你明天再來取好嗎？我一定會利用今天晚上為您趕制一個新的、漂亮的禮品盒」

「謝謝你！」年輕人說完轉身走了。

第二天清晨，年輕人早早地來到了禮品店，取走了摩斯為他趕制的精緻的禮品盒。

年輕人匆匆地來到了結婚禮堂 —— 新郎不是他而是另外一個年輕人！年輕人快步跑到新娘跟前，雙手將精緻的禮品盒捧給新娘。而後，轉身迅速地跑回了自己的家中，焦急地等待著新娘憤怒與責怪的電話。

在等待中，他的淚水撲簌簌地流了下來，有些後悔自己不該這樣去做。傍晚，婚禮剛剛結束的新娘便給他打來了電話：「謝謝你，謝謝你送我這樣好的禮物，謝謝你終於能明白一切了，能原諒我了……」

電話的一邊新娘高興而感激地說著。年輕人萬分疑惑，什麼也沒說，便掛斷了電話。但他似乎又明白了什麼，迅速地跑到了摩斯的禮品店。推開門，他驚奇地發現，在禮品店的櫥窗裡依舊靜靜地躺著那只精緻的水晶烏龜！

一切都已經明白了，年輕人靜靜地望著眼前的摩斯。而摩斯依舊靜靜地坐在櫃檯後邊，沖著年輕人輕輕地微笑了一下。年輕人冰冷的面孔終於

在這瞬間被改變成一種感激與尊敬：「謝謝你，謝謝你，讓我又找回了我自己。」

原諒是一種風格，寬容是一種風度，寬恕是一種風範。摩斯只是將水晶烏龜這樣一件定時炸彈似的禮物換成了一對代表幸福和快樂的鴛鴦，竟在這短短的時間內最大程度上改變了一個人冰冷的內心世界。

給人一點寬恕，它將帶給人一個重新獲取新生的勇氣，去直面他人一生中的另一個幸福時刻。

人生便利貼：如何應對分手後的情感傷痛

- **你並不是第一個吃螃蟹的人**：告訴自己以前和現在都有很多人遭受了這種痛苦，以後還會有。這段時間你能挺過來，堅強些，痛苦很快就會成為過去。

- **表達自己的情感**：與自己親近的人進行交流。哭泣有助於減輕壓力和痛苦。把自己的情感記錄下來有助於理順自己混亂的思想。

- **了解哪個地方出了問題**：對於關係破裂，你的伴侶和你一樣都有責任。找一找你們關係中的脆弱點並了解你們的關係為什麼會失敗。

- **填補空虛**：列出需要完成的工作並從現在開始著手進行。現在是開始新生活的理想時間。離開家去旅行一次。

- **正確地看待事物**：挑戰諸如「薩姆不再愛我」之類的消極思想，代之以諸如「但是我會擁有更多的朋友和我自己想要的家庭」之類的積極想法。用理性的思維方式來挑戰諸如「我已經老了，沒有吸引力了」之類的不理性想法。

- **做出明智的決定**：避免在自己心煩意亂之際做出任何重大決定。

▎第三章　贖回原本的幸福與快樂

　　婚姻中的兩人最需要私人空間的概念。男人的內心總需要更大的自由度，他們無意識地以為自己永遠是自由的，事業被他們視為終極目標，讓他們有了忙碌的藉口。可是，女人的心思就希望自己和戀人的心能緊緊地捆綁在一起。

　　愛，其實很簡單，有時候就像是倒一杯水，只要有愛，誰會計較一些外在的東西？那些忘記享受生活的人，整天為事業所忙，總以為有了名利才能給予對方異常隆重的幸福，其實他們不知道，好的婚姻其實就像醉酒一樣，有一種「醉情」，兩個人在一起就要掌控住酒的濃度。

　　經過幾個月努力，科爾為自己公司研發的又一款新遊戲軟體順利地通過了測試。這是一個令人興奮的消息，他希望第一時間將這個好消息告訴妻子貝拉。

　　可是想到妻子，他才意識到自己已經有半個月沒有回家了。記得昨天貝拉曾打來電話懇求他回去一次，可是當時正是研發的最後關頭，他怎麼能走開呢，於是只好告訴她自己今天一定回去。

　　這是一棟有花園的豪華別墅，花園的玫瑰獨自綻放著。科爾大聲叫道：「親愛的，我回來了。」可是沒有人回應。科爾感到迷惑：妻子到底去哪裡了呢？經過客廳的時候，他看見一張紙放在那裡。科爾拿起來念道：「先生，請準備足夠多的贖金到梅勒敦公園來，不可報警！否則你將永遠見不到你的妻子。」

　　科爾想到了報警，可綁匪的威脅又使他不由自主地放下了電話。

　　他取出銀行裡所有的錢，那是用心血和汗水換來的。接著，他來到梅勒敦公園，公園裡一派安寧祥和的景象。可是此時這一切卻與科爾無緣，他心裡萬分焦急和緊張。他四處張望，可是沒發現一個長得像綁匪的人。

　　科爾來到了梅勒敦湖邊，那棵熟悉的橡樹依然迎風而立，一張空空的長椅靜默一旁，那是他和貝拉多麼熟悉的地方啊。他感到心一陣陣地揪緊：他和貝拉正是在這裡邂逅和相愛的。

　　後來他們組成了一個溫馨的小家。親暇時，他們總會挽著手來這裡散步，憧憬幸福的未來。可是，隨著科爾開了自己的公司，工作一天天忙碌起來，他們一起散步的次數也越來越少。此時，科爾孤零零地坐在這裡，想到從前曾經有過的幸福時光和自己後來對妻子的疏忽和冷淡，心裡充滿了悔恨。

　　就在科爾精神恍惚時，一個人交給他一張字條，那人說是一個陌生人托自己交給他的。待科爾緩過神來，那人已經走遠。

　　科爾不知道歹徒在玩什麼花樣，他急忙拆開，只見上面寫著：到弗萊理電影院來，買一張正在放映的電影的門票，記住是十排二號的位置，到時會告訴你交易的地點。你妻子現在很好。

　　昏暗的電影廳裡也曾是他和貝拉經常來的地方。可遺憾的是，他竟想不起上一次帶貝拉來這裡離現在有多久了。

　　記得他有一次曾對妻子許諾：等有空了，就帶他到那家有名的紐巴克餐廳去。因為那時他們還很窮，沒有錢去吃。可是等到他們有錢後，儘管貝拉多次懇求科爾也沒能實現，可現在他領悟到沒有了貝拉的愛情，再多的錢都毫無意義。

　　科爾含著淚水走出了電影院，他再也看不下去了。這時，門口有一個人又遞給科爾一張紙條。科爾無法忍受了，他抓住那個人的領口，大聲叫道：「你們這幫綁匪到底要怎樣？」同時有點憤怒地說：「先生，你誤會了，我可不想綁架你。我只是受一位女士的委託把這個給你而已。」

　　「女士？」科爾急忙拆開字條，上面寫著：「想見你妻子，帶上贖金到

前面的紐巴克餐廳來。」

「贖金？紐巴克餐廳？」一剎那間，科爾恍然大悟。他飛快地向紐巴克餐廳所在的方向跑去。

這時已是華燈初上，透過餐廳柔和的燈光，他看見了一個熟悉的身影。科爾輕輕地走過去，握著貝拉的手說：「對不起，我知道自己錯了。這一次，我以一顆心作為贖金，你能給我一次機會，讓我彌補你的所有幸福和快樂嗎？」貝拉點了點頭，眼裡閃爍著淚光。

我們往往因為工作，而失去了許多美好的生活，工作是工作，生活是生活，忽視任何一方都將失去幸福和快樂。

雖然工作是重要的，但生活同樣重要。

人生便利貼：如何平衡你的工作和家庭生活

- **劃清界限—對家人和女朋友做出承諾，而且一定要做到**：比如我就與妻子達成「君子協定」：週末盡量不工作。到了週末，我常會收到一些有意思的沙龍、講座、餐會等的邀請，但是我基本上一律不參加。

- **忙中偷閒—不要一投入工作就忽視了家人**：例如，即使你在公司非常忙，如果你知道女友不舒服，你也一定要記得打電話問候她，不要吝嗇於表達你的關心。有時 10 分鐘的體貼比 10 小時的陪伴還更受用。

- **閑中偷忙—學會怎麼利用時間碎片**：例如：家人睡午覺的時候，你就可以利用這段閒置時間去上網看看你的實驗結果，或回覆你的電子郵件。例如每天搭車或等車時，處理不重要的短信，或打可以等待的電話。

- **好好管理時間**—既然感覺到時間已不夠用了，就更應該好好安排和管理有限的時間：每天結束後，把一整天做的事記下來，每 15 分鐘為一個單位。在一週結束後，分析一下，這週你的時間如何可以更有效率地安排？有沒有活動占太大的比例？有沒有方法可以增加效率？

- **注重有品質的時間**：時間不是每一分鐘都是一樣的。當你的家人欣賞韓劇時，如果你能坐在旁邊，用你的筆記型電腦處理電子郵件，她們就會認為有陪她們了。但是，當一家人在玩遊戲時，一定需要你全神貫注，甚至連手機都應該關掉。

  另外，多觀察家人最喜歡什麼，在度假、週末時候盡量配合他們。要記得他們平時為你犧牲很多，度假、週末是你補償的機會。

- **言出必行**，同時要制定較低的期望值：如果你想請兩個星期的假，但是又不確定老闆會不會批准，就不要把話說太滿，只說請一個星期的假，這樣如果老闆批准兩個星期的假期，你就能帶回家一份驚訝與欣喜。

▌第四章　掛起幸福的黃手帕

　　當一個生命出現危難時，另一個生命無論結果如何也要拯救這個生命，這是生命的尊嚴使然。

　　他們一行共 6 人：3 男 3 女，正動身去佛州的某海濱小城度假。他們的紙袋裡裝著三明治和酒，在 34 號街搭上了長途汽車。紐約城陰冷的春天在他們身後悄然隱去。現在，他們渴望著金色的沙灘和波濤的海潮。

PART7　掛起幸福的黃手帕

　　車子經過新澤西時，他們發現車上有個像被「定身法」定住似的人。他叫溫葛 —— 他坐在這幫年輕人面前，風塵僕僕的臉色像張面罩，叫人猜不透他的真實年齡。他身穿一套不合身的樸素的棕色衣服，手指被菸熏得黃黃的，嘴裡老在嚼著什麼，他坐在那裡，一聲不吭。

　　在幾天漫長的旅途中，年輕人的熱情終於感染了溫葛，他開始痛苦地、緩緩地對他們說起了自己的生平。這四年他一直在紐約坐牢，而現在他正回家去。

　　「您有妻子嗎？」

　　「不知道。」

　　「怎麼會不知道？」大家都吃了一驚。

　　「唉，怎麼告訴您說呢。我在牢裡寫信給妻子，對她說：『瑪莎，如果你不能等我，我是理解你的。』我說我將離家很久。要是她無法忍受，要是孩子們經常問她為什麼沒有了爸爸 —— 那會刺痛她的心的。那麼，她可以將我忘卻而另找一個丈夫。真的，她算得上是個好女人，我告訴她不用給我回信，什麼都不用，而她後來也的確沒給我寫回信。三年半了，一直音訊全無。」

　　「現在你在回家的路上 —— 她也不知道嗎？」

　　「是這麼回事。」他難為情地說，「上星期，當我得知我將提前出獄時，我寫信告訴她：如果她已改嫁，我能原諒她，不過要是她還是獨身一人，要是她還不厭棄我，那她應該讓我知道。我們一直住在布朗斯威克鎮，就在賈克遜村的前一站。一進鎮，就可以看到一株大橡樹。我告訴她：假如她要我回家，就可以在樹上掛一條黃手帕，假如她不要我回去，那她完全可以忘記此事，見不到黃手帕，我將自奔前程 —— 前面的路還長著呢。」

「啊，原來是這麼回事！」年輕人一時不知該說些什麼才好。

溫葛拿出他妻子和三個孩子的照片給他們看。距布朗斯威克鎮只有 20 英里了，年輕人趕忙坐到右邊靠窗的座位上，等待那大橡樹撲入眼簾。

而溫葛心怯，他不敢再向窗外觀望。他重新板起一張木然的臉，似乎正努力使自己在又一次的失望中昂起頭來。只差 10 英里了，5 英里了，車上一片靜悄悄。

突然，一聲晴天霹靂 —— 青年們一下子都站起身，爆發出一陣歡呼！他們一個個歡喜若狂，手舞足蹈。

只有溫葛不知所措，呆若木雞。那橡樹上掛滿了黃手帕，20 條、30 條，興許有幾百條吧 —— 在微風中飄揚著一面面歡迎他的旗幟。在年輕人的呼喊聲中，溫葛慢慢從座位上站起身，向車門走去，他邁出了回家的步子，腰杆挺得直直的。

要讓迷茫者生活的天空不再是一片陰霾，就必須為這些困頓的生命注入親人的愛與關懷，這樣，他們的生命才會擁有溫暖與光明。

人生便利貼：如何安撫情緒失落的丈夫

作為一位稱職的妻子，你要細心觀察你的丈夫。特別是當丈夫心煩意亂、意志消沉的時候，你要用愛心去安撫他，讓他從情緒的低谷中擺脫出來。

也許你的丈夫是個頂天立地的男子漢，而你是一位懦弱的女性，但你要明白任何人都會有脆弱的一面，不僅僅是脆弱時的你經常需要丈夫的安撫，你的丈夫有時候也非常需要你愛的安撫。

那麼，應該怎樣去安撫丈夫呢？

- **不要打擾他**：如果你的丈夫的個性十分剛強，那麼在他情緒低落的時候，一般不喜歡別人驚擾他，他只想一個人靜靜呆著，自己排遣內心的「精神垃圾」，過一陣子就會控制住自己，恢復心理平衡。

  如果此時你出於好心去勸解他，那麼他不僅不會感激你，反而會厭煩，甚至對你大發雷霆。因此，你最好不要打擾他，只要給他一個安靜的機會就行了。

- **鼓勵他度過危機**：如果你的丈夫性格外向，但意志比較脆弱，那麼當他情緒不穩定的時候，可以透過交談和體貼入微的鼓勵來幫助他恢復心理平衡，使其重新振作起來。

- **無言的理解**：對朝夕相處、心心相印的夫妻來說，有時根本不需要語言，也不需要明顯的照顧，你的一個微笑、一個會意的手勢，就足以使他感到愛撫的溫暖和力量。

  因為這種無聲的語言蘊含著深深的理解和默契，一旦丈夫意識到這種特殊的愛撫和激勵，他的壓抑情緒會變得輕鬆起來，緊張狀態也會很快消除，他又恢復了自信。

- **「潤物細無聲」的關心**：在丈夫心情憂鬱的時候，你可主動幫他做些事情。但要記住，你的幫助一定要做到「潤物細無聲」那樣的自然，否則會使他感覺到這是憐憫和同情。如果是這樣，他會覺得你太小看他了，損害了他的自尊，因為所有男性都不喜歡他人的憐憫。

▌第五章　愛是永遠相伴

　　泰戈爾說：「愛是亙古長明的燈塔，它定睛望著風暴卻兀不為動；愛是充實了的生命，正如盛滿了酒的酒杯。」

　　第一次世界大戰期間，有很多人草率成婚，他們中有一對性情熱烈、引人注目的年輕夫婦 —— 鐘斯和福賴爾。他們住在芝加哥北邊的密西根湖，愛德溫·帕爾默是他們的鄰居。

　　鐘斯和福賴爾結婚後，除了有幾次短暫而熾熱的共同生活之外，就是天各一方，長達幾個月叫人煩惱、壓抑的分離。接著，他們像許多同時代的人一樣，不得不回到平凡沉悶的生活軌道上，在惴惴不安的環境中，天天廝守在一起。

　　西元 1919 年勞動節過後的一個晚上，他們爭吵起來了。幾個月以前，他們就已經有糾葛了。儘管他們還相愛，可倆人的婚姻卻已經岌岌可危。

　　他倆甚至認為：總是他們兩個人在一起，這既愚蠢又陳腐。所以，這天晚上有個叫查理的朋友要來接鐘斯，而福賴爾則跟一個叫薩沙的姑娘約好一起出去。

　　這對年輕夫婦一邊喝雞尾酒，一邊等待查理來接鐘斯。福賴爾刻薄地開查理的玩笑，於是，爭吵又爆發了。這天晚上，雖然他們的關係還沒到決裂的地步，不過他們已經準備分道揚鑣了。

　　突然，一陣震耳欲聾的汽笛呼嘯著打斷了他們的爭吵。這聲音不同尋常，它突然響了起來，接著又戛然而止，令人膽戰心驚。而 1 英里以外的鐵路上出事，無論是鐘斯還是福賴爾他們都一無所知。

　　那天晚上，另一對年輕夫婦正在外邊走著。他們是威廉·坦納和瑪麗·坦納。他們結婚的時間比福賴爾和鐘斯長，他們之間存在的那些小芥蒂早被清除了。威廉和瑪麗深深地相愛。

　　吃了晚飯，他們動身去看電影。在一個火車道道口，瑪麗右腳滑了一下，插進鐵軌和護板之間的縫兒裡去了，既不能抽出腳來，又不能把鞋子脫掉。這時一列快車卻越駛越近了。

　　他們本來有足夠的時間通過道口，可現在由於瑪麗的那隻鞋的搗亂，只有幾秒鐘的時間了。

　　火車司機直到火車離他倆很近才突然發現他們。他拉響汽笛，猛地拉下制動閘，想把火車剎住。起初前邊只有兩個人影，接著是三個，正在道口上的鐵路信號員傑克·米勒也衝過來幫助瑪麗。

　　威廉跪下來，想一把扯斷妻子鞋上的鞋帶，但已經沒有時間了。於是，他和信號員一起將瑪麗往外拽。火車正呼嘯著，朝他們駛來。

　　「沒希望啦！」信號員尖叫起來，「你救不了她！」

　　瑪麗也明白了這一點，於是朝丈夫喊道：「遠離我！威廉，快遠離我吧！」她竭盡全力想把丈夫從自己身邊推開。

　　威廉·坦納還有 1 秒鐘可以選擇。救瑪麗是不可能了，可他現在還能讓自己脫險。在鋪天蓋地的隆隆火車聲裡，信號員聽見威廉·坦納喊著：「我跟你在一起，瑪麗！」

　　如果說那天晚上制止福賴爾和鐘斯爭吵的是那列火車的汽笛聲，這不符合實情；但是，鐵路道口發生的事情的確截停了許多行人，查理就是其中之一。他沒去接鐘斯，而是開車回了自己的家。他拿起了電話。

　　福賴爾拿著電話說：「我想你是要鐘斯接電話吧？」

　　「不，跟你說就可以了，」查理的聲音異常柔和，「我不去找她了，福賴爾，你告訴她。」

　　福賴爾問出了什麼事，查理似乎不知從何說起，「你認識坦納夫婦嗎？」他問。

「坦納夫婦？坦納夫婦……」福賴爾竭力思索了一下，「啊，對了。他們一直不怎麼出名，是他們嗎？」

「不錯……不怎麼出名。」查理張了張嘴，還是把電話掛上了。

不久以後，鄰居們到福賴爾家做客，把那幕慘劇講給了他們聽。

「……丈夫本來能脫險，可他沒想走掉。他用胳膊緊緊抱著妻子，緊緊地抱著她。這時候那個信號員聽見他說：『我跟你在一起，瑪麗！』他倆緊緊摟在一起 —— 火車前燈的光照在他們的臉上。他始終跟妻子在一起。」

威廉·坦納用他的死證實了人世間不乏高尚的情操和行動，也使那些玩世不恭的人和欺詐虛偽的人在他面前相形見絀。每一個聽到這個故事的姑娘都應當捫心自問：「我是否曾經使一個男子對我這樣關懷？」

同樣，這個故事也向男人們提出問題：「如果你在自己身上沒找到促使威廉做出那種舉動的那種感情，那麼你對愛情究竟懂得多少呢？」

愛德溫·帕爾默敢肯定，鐘斯和福賴爾之間關係的好轉就是從那個晚上開始的。透過威廉·坦納的行動，其他的人開始意識到他們的婚後生活還有尚待探索的深度，於是他們之間的關係也就發生了可喜的變化。

▌人生便利貼：為婚姻保鮮的 7 個方法

- **童心**：只有童心不泯，青春才可常駐，愛情才可歷久彌新，所以最好能保留多一點兒天真、單純，多擁有一點兒愛好、好奇心，多玩一點遊戲。
- **浪漫**：不少家庭太注意實際，而缺少浪漫。而能否浪漫的關鍵在於是否擁有浪漫情懷。不要以為浪漫無邊就是獻花、跳舞，不要以為沒有時間、沒有錢就不能浪漫。要知道，浪漫的形式是豐富

多彩、多種多樣的。

■ **幽默**：許多人把喜歡開玩笑看成油嘴滑舌、辦事靠不住，認為夫妻之間講話應該講求實在，用不著講究談話藝術。殊不知，說話幽默能化解、緩衝矛盾和糾紛，消除尷尬和隔閡，增加情趣與情感，讓一家人樂融融。

■ **親昵**：專家研究發現，親昵對提高家庭生活品質有著妙不可言的作用，而長期缺少擁抱、親吻的人容易產生「皮膚飢餓」，進而產生感情飢餓。因此，家庭生活最好能多點親昵的舉動。

■ **情話**：心理學家認為，配偶之間每天至少得向對方說三句以上充滿感情的情話，如「我愛你」、「我喜歡你的某某優點」。

  然而，不少人太過注意含蓄，有人若把「愛」掛在嘴邊，就會被說成是淺薄、令人肉麻。

  不少夫妻更希望配偶把愛體現在細緻、體貼的關心上。這固然沒錯，但如果只有行動，沒有情話，會不會給人以「只有主菜，沒有配料」的缺陷感呢？

■ **溝通**：相互閉鎖只能導致誤會加深，長期壓抑等於蓄積惡性能量，一旦爆發，破壞性更大。

  正確的做法應該是加強溝通，有意見、任何不快，應誠懇、溫和、講究方法地說出來，並經常主動地了解對方有什麼想法。吵吵架也不一定是壞事，畢竟它也是一種溝通手段，只是吵架時千萬別翻舊帳、別進行人身攻擊。

■ **欣賞**：如果你不假思索就能數出配偶許多缺點，那麼，你多半缺乏欣賞眼光。如果你當面、背後都只說配偶的優點，那麼，你就等於學會了愛，並能收獲到愛。

▌第六章　珍惜用愛呵護你的那個人

　　愛是無限的寬容、從微不足道的小事而來的心曠神怡、無意識的善意、完全的自我忘卻。

　　女孩很漂亮，非常善解人意，偶爾時不時想出一些壞點子耍耍男孩。

　　男孩很聰明，也很懂事，非常幽默，總能在兩人相處時找到可以逗女孩發笑的方式。女孩很喜歡男孩這種樂天派的心情。

　　他們一直相處不錯，女孩對男孩的感覺淡淡的，說男孩像自己的親人。

　　男孩對女孩愛得很深，非常在乎她。所以每當吵架的時候，男孩都會說是自己不好，是自己的錯。即使有時候女孩不怪他，他也這麼說。他不想讓女孩生氣。

　　就這樣過了五年，男孩仍一如既往地愛著女孩。

　　有一個週末，女孩出門辦事，男孩本來打算去找女孩，但是一聽說她有事，就打消了這個念頭。他在家裡待了一天，沒有聯繫女孩，他覺得女孩一直在忙，自己不好去打擾她。

　　誰知女孩在忙的時候，還想著男孩，可是一天沒有接到男孩的消息，她很生氣。晚上回家後，便發了一條短訊給男孩，話說得很重，甚至提到了分手。當時是深夜十二點。

　　男孩心急如焚，打女孩手機，連續打了三次，都被掛斷了。打她家裡電話打不通，猜想是女孩把電話線拔了。男孩抓起衣服就出門了，他要去女孩家。當時是午夜 12 點 25 分。

　　女孩在 12 點 40 分的時候又接到了男孩的電話，從手機打來的，她又給掛斷了。

　　一夜無話。男孩沒有再給女孩打電話。

PART7　掛起幸福的黃手帕

第二天，女孩接到男孩母親的電話，電話那邊聲淚俱下——男孩昨晚出了車禍。警方說是車速過快導致煞車不及，撞到了一輛壞在半路的大貨車。救護車趕到的時候，人已經不行了。

女孩心痛到了極點，可是再後悔也沒有用了。她只能從過往的回憶中懷念男孩帶給她的歡樂和幸福。

女孩強忍著悲痛來到了停放事故車的停車場，她想看看男孩待過的最後的地方。車已經撞得完全不成樣子，方向盤上、儀錶板上，還沾有男孩的血跡。

男孩的母親把男孩當時身上的遺物給了女孩，錢包、手錶，還有那部沾滿了男孩鮮血的手機。女孩翻開錢包，裡面有她的照片，血漬浸透了大半。

當女孩拿起男孩的手錶的時候，赫然發現手錶的指針停在12點35分。

女孩瞬間明白了，男孩在出事後還用最後一絲力氣給她打電話，而她自己卻因為還在賭氣沒有接。

男孩再也沒有力氣去撥第二遍電話了，他帶著對女孩的無限眷戀和內疚走了。女孩永遠不知道男孩想和她說的最後一句話是什麼，女孩也明白，不會再有人跟她說些什麼了……。

當我們沉浸在戀愛的甜蜜中，被山盟海誓、蜜語甜言包圍著的時候，我們似乎將那些必要的信任、寬容、忍讓和責任統統拋到了腦後。戀愛雙方，最需要的就是珍惜，少了它，必將釀成惡果。

▌人生便利貼：學會珍惜你的戀人

- 請不要再嫌棄你的戀人不夠好看，其實他（她）把英俊（美麗）都給了你。

> ■ 不要再埋怨你的戀人不夠理解你，其實他（她）一直都很關心你。
>
> ■ 不要再煩躁你的戀人不夠浪漫，其實他（她）把浪漫藏在生活的點滴中。
>
> 用心看看吧，其實他（她）是世界上最英俊（美）、最善解、最浪漫的人，不要讓他（她）再延續你的遺憾了。
>
> 好好愛你身邊的人吧，他（她）將是你生命中無悔的幸福！

第七章　成為彼此最知心的朋友

詩人裴多菲在歌頌愛情的美好時曾說，我願意是樹，如果你是樹上的花；我願意是花，如果你是露水；我願意是露水，如果你是陽光。

傑克是邦德的朋友。最近他的太太安妮去世了，安妮和癌症苦鬥了 8 年，最後還是走了。

有一天，傑克從錢包裡取出一張折疊的紙條，他說是在家整理抽屜時發現的。那是安妮寫的一封小小的情書，就像小女生在紙上隨後寫的關於夢中男孩的情話，就差畫一顆愛心，再寫上兩個人的名字。

只是安妮當時不是小女生了，而是一位養育了 7 個子女的母親，一個與病痛鬥爭、而且將不久于人世的女人。

安妮的情書也道出了幸福婚姻的祕訣。

她在信中稱讚她的丈夫懂得「疼愛、照顧與牽掛。」

儘管傑克凡事都很隨意，但對太太因疾病而起的情緒從不掉以輕心。有時下班回家，看到安妮神情沮喪，他會立刻拉上安妮，去她最喜歡的餐廳吃飯。

239

　　「在我病痛時給我幫助。」安妮寫這句話時或許正飽受病痛的折磨，也或許剛剛又一次從死亡的邊緣掙扎出來，憧憬生活又回到了她生病之前。

　　「忍讓我、支持我、總是讚美我。」這幾點對於常常挑剔、批評他人的人尤其是條忠告。「照顧到我的需要。」

　　紙的背面又接著寫道：「熱情、幽默、善良、體貼。」然後她說與她相依相伴、她深愛的丈夫：「在我需要你的時候，你就會出現在我的身邊」。

　　她最後的話仿佛概括了一切：「你是我知心的朋友。」

　　讀完後，邦德問傑克：「和一個人朝夕相處 38 年，還要加上疾病的困擾，真是不容易！如果有一天我的太太病了，真不知道我能不能做到一直陪伴她、守護她。」

　　傑克輕聲說：「如果你足夠愛她，你就能做到。」

　　並不是要達到了怎樣的目的，愛才會成為愛。無論怎樣的愛都是一份美好、一份結果。而刻在心底的愛，因為無私無欲、因為淡泊憂傷，才會是真正的永恆。

▌人生便利貼：如何向伴侶表露想法

- **安排恰當的時機**：選擇恰當的時間與地點，不要在疲倦的時候討論重要的問題，事先做好筆記會有所幫助。
- **語氣肯定而明確**：描述令人不快的行為、你的感受及其影響時要明確，說「你不起床，我真的很困擾，因為這使我遲到」。
- **簡明扼要**：要切中要害，不要羅列陳舊不堪的問題，不要讓自己喋喋不休或轉移了話題。

- **承擔責任**：說話時以「我」開頭，以示對自己說的話承擔責任。要說「我覺得……」、「我認為……」，不要說「你使我覺得……」。
- **措辭恰當**：注意別使用帶有侮辱性、威脅性及貶低性的語言。說話要誠懇、實在，但要注重策略、批評要對事不對人。
- **尋求反響**：表明自己的觀點，傾聽他人的意見，理解並接受她做出的回饋。

你若知足，便能幸福：

擁有卻怕不是永久，失去便想再次占有？學會坦然放手，別再刻意追求

作　　者：李麗

發 行 人：黃振庭

出 版 者：崧燁文化事業有限公司

發 行 者：崧燁文化事業有限公司

E-mail：sonbookservice@gmail.com

粉 絲 頁：https://www.facebook.com/
　　　　　sonbookss/

網　　址：https://sonbook.net/

地　　址：台北市中正區重慶南路一段六十一號八
　　　　　樓 815 室

Rm. 815, 8F., No.61, Sec. 1, Chongqing S. Rd.,
Zhongzheng Dist., Taipei City 100, Taiwan

電　　話：(02)2370-3310

傳　　真：(02)2388-1990

印　　刷：京峯彩色印刷有限公司（京峰數位）

律師顧問：廣華律師事務所 張珮琦律師

國家圖書館出版品預行編目資料

你若知足，便能幸福：擁有卻怕不是永久，失去便想再次占有？學會坦然放手，別再刻意追求！ / 李麗著 . -- 第一版 . -- 臺北市：崧燁文化事業有限公司 , 2023.03
面；　公分
POD 版
ISBN 978-626-357-222-5(平裝)
1.CST: 人生哲學 2.CST: 自我實現
191.9　　112002710

定　　價：350 元

發行日期：2023 年 03 月第一版

◎本書以 POD 印製

電子書購買

臉書